図書館のプロが教える〈調べるコツ〉

誰でも使えるレファレンス・サービス事例集

浅野高史＋
かながわレファレンス探検隊

柏書房

はじめに

こんにちは。本書を手に取っていただきありがとうございます。

この本は図書館のレファレンス・サービスを、多くの事例をもとに読みやすく構成しました。

レファレンス・サービスとは耳慣れない言葉かもしれませんが、簡単にいうと、図書館員による調べもののお手伝いのことです。

図書館員が調べるといっても、ただ単に本をめくったりコンピュータで検索したりしているだけではありません。そこには、図書館員が培った調査の技やプロセスや発想法が輝いているのです。

舞台は「あかね市立図書館」という架空の図書館です。あかね市立図書館では、日々、予想もつかないような調べものの依頼を受けています。あかね市立図書館で繰り広げられる個性豊かな図書館員の奮闘ぶりを垣間見ながら、図書館員流の調べもののテクニックを楽しく会得していただければと思います。

皆さまがこの本を読んで、図書館での調べものを身近に感じて、もっと図書館を使いこなしていただき、今まで以上に図書館を好きになっていただくことを、あかね市立図書館の一同は願っています。

それではようこそ、あかね市立図書館へ――。

かながわレファレンス探検隊

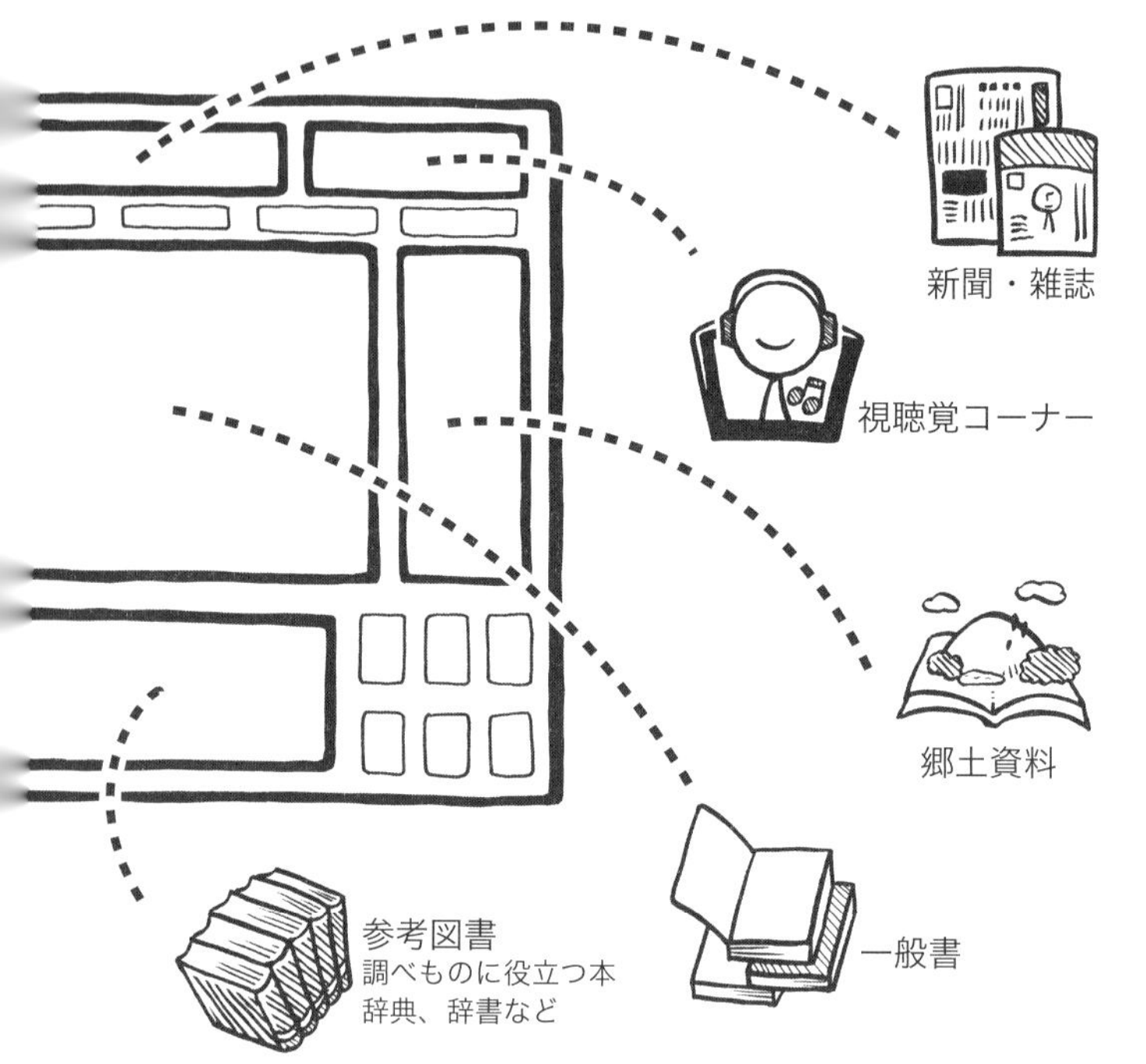

いこと」「調べたいこと」におこたえします――

こういうテーマの資料はありますか？
こんな事柄について知りたいのですが、どんな本に載っていますか？

？と思った時はお気軽に図書館スタッフに声をかけてください。
！が見つかるサポートいたします。

電話やメール、手紙でも受けつけています。

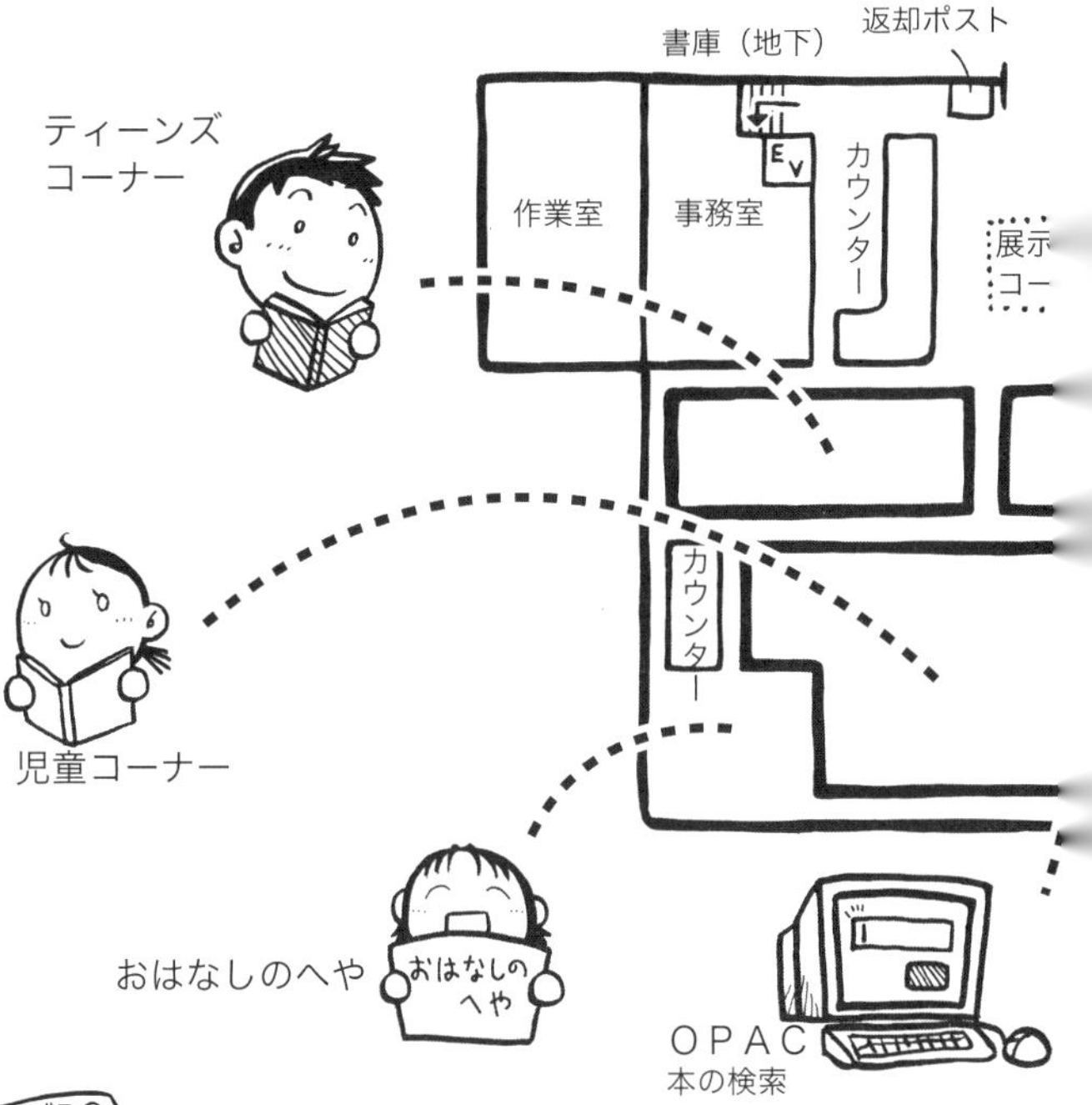

レファレンスサービスのご案内

――あかね市立図書館はあなたの「知りた

図書館で調べものをする時「どうやって調べたらいいかわからない」「手助けが欲しいな」と思ったことはありませんか？

困った時はどうぞレファレンス・サービスをご利用下さい。

図書館のプロ・司書があなたの調べもののお手伝いをします。

■調べものに必要な情報探しをお手伝いします。

■皆様が必要とする情報を資料に基づき回答します。

■当館で適当な情報が得られない場合は、近隣の図書館などとも協力して調査いたします。

あかね市立図書館 スタッフ紹介

職員名
❶担当・役職。図書館経験年数など。
❷得意ジャンル、趣味など。
❸一口コメント。

川波太郎

❶サービス係長。勤続２０年目。
❷社会科学系が得意。サッカー、特撮モノが好き。
❸宴会大好き。頼りになるのか、ならないのか、よく分からない人。

石尾里子

❶レファレンス担当。勤続１８年目。
❷日本文学系が得意。クラシック音楽が好き。
❸健康マニアで食いしん坊。エンゲル係数の高い生活をしている。

伊予高史

❶ティーンズコーナー、郷土資料コーナー担当。勤続１０年目。
❷民俗学が得意。アニメ「名探偵コナン」、奈良散策、道後温泉が好き。
❸業務の中心になり活躍しているがマイペース。突然行方不明になることも？

木崎ふゆみ

❶児童コーナー担当。勤続８年目
❷児童文学系が得意。ＴＶゲーム、マンガ、長い小説（例：「大菩薩峠」）が好き。
❸実は酒豪（先週も終電に乗り損ねた）。

横道独歩

❶一般書、レファレンス担当。勤続５年目。
❷古代史、地理、音楽系が得意。マニア体質のため、どのジャンルでも活躍。
❸優しく熱心でエプロンの似合う男。調べ方もマニアック。とにかく現物にあたる。

本宮美里

❶一般書担当。勤続１年目。
❷大学では図書館学を専攻していた。
❸期待の新人。元気でまじめ。結構あわてもの。

富士のぶえ

❶児童コーナー担当。子育て後、去年から図書館勤務に復帰。
❷児童サービスに熱意あり。おはなし会には欠かせない人材。
❸おっとり、なごやかな性格。

田中弥生

❶臨時職員。今年から図書館に勤務。
❷大学生の頃（十数年前）は日本文学を専攻していたらしい。
❸好奇心旺盛で、趣味の占いの知識を発揮できる機会を狙っている。

佐竹アカネ

❶去年からアルバイトしている美術系の学生さん。
❷イラストや工作が得意。少年マンガが好き。
❸ひそかにプロのマンガ家を目指している。

レポートの資料が見つからない…
昔好きだった絵本をまた読みたい、でもタイトルがわからない…
君は知っているだろうか？
そんな迷える人々を救う彼らの存在を!!
探本戦隊
レファレンジャー
〜図書館で調べものをする基本〜
あかね市立図書館
んん〜〜…
それっぽいタイトルないし、ココじゃ見つからないか…
そこの君！なにかお困りかね？
え？
私が助けてあげよう！

人違いです
関わりたくない!!
NON! 人違い! 君のような迷える子羊を救うのが私の役目さ!!
あの…ホントいいんで、そういうの…
捕まった…!
遠慮するな! 私の役目だからな!
ギギ…
なんなんですか、役目役目って…
よくぞ聞いてくれた!! 市立図書館の職員とは仮の姿! その正体とは!!
会話しちゃった…
ハァー
探本戦隊
レファレンジャー!
……一人なのに戦隊?
あ、図星
ギクリ
ど、どうでもいいじゃないかそんなこと!
まぁそうですね! 貴方の存在自体どうでもいいんで!
じゃ!
スタスタスタ
まって———!!!

そう ひとりぼっちだ！
とても寂しいことに一人だ！
誘ったのに一人だ…!! だから君も、
Let's レファレンジャー♥
いやぁぁあああ!!!
なんで痛い大人の戯れ言に付き合わなきゃならないんですかー！
えー ふっきれると楽しいよー？
現実から眼を逸らしてんだろそれ!!
図書館でさわいじゃいけないよっ？
誰のせいで…
ま、そう言わず本を探すコツ教えてあげるから
図書館がしょぼいからないんでしょ…
いやいやそうとは限らないよー
……
そんなに不審がらないでよ！
まずなにより図書館という空間を知ることが大事なんだ

たいていの図書館は内容ごとにいくつかのコーナーに分かれているんだ
あかね市立図
児童書や郷土資料、参考図書、新聞・雑誌のコーナーetc…といった感じにね
だから最初に、参考図書で調べたけどわからなかった…
であきらめず
児童書や一般書も見ておこう、雑誌のコーナーにあるかもしれない…
という風に複数のコーナーを調べていくと良いよ
どこに欲しい資料があるか考えること、それが空間の把握…
どうしたんだい？
まともなこと言えるんだー…
なっ！失敬な!!
私は司書！Libra-rian!!
この空間を最も把握する者だ☆ゾ！
ドス
あぁ、ウザさは変わらないのか…
じゃあ早速調べていこうか「忍者の食生活」についてだったよね
なんで知ってるんですか…
ヒーローだから
うわぁ

これには載ってないですね…
でもココで忍者には伊賀と甲賀があることがわかるね
これを手がかりにまた探していけばいい…
あっ手がかりを増やすために調べるんですね！
インターネットを使って大体のことを調べておくのも一つの手だ
ネットの膨大な情報の中には沢山ヒントがあるし、答えそのものも見つかるかもしれない。ネットにしか詳しいデータが載っていないこともある。
ただし、一般的に本の情報のほうが信頼性が高い
本の情報も完璧じゃないけどね
信頼できる情報かどうか、複数の情報源で確認しておいたほうが良いよ
ま、今回は見つけたキーワードで探していこうか
次はOPACで蔵書検索してみよう
忍者
NO HIT…
忍術
忍法
HIT!
パソコンで検索する時はキーワードを変えて何回もやると見つけられる可能性が上がるよ。

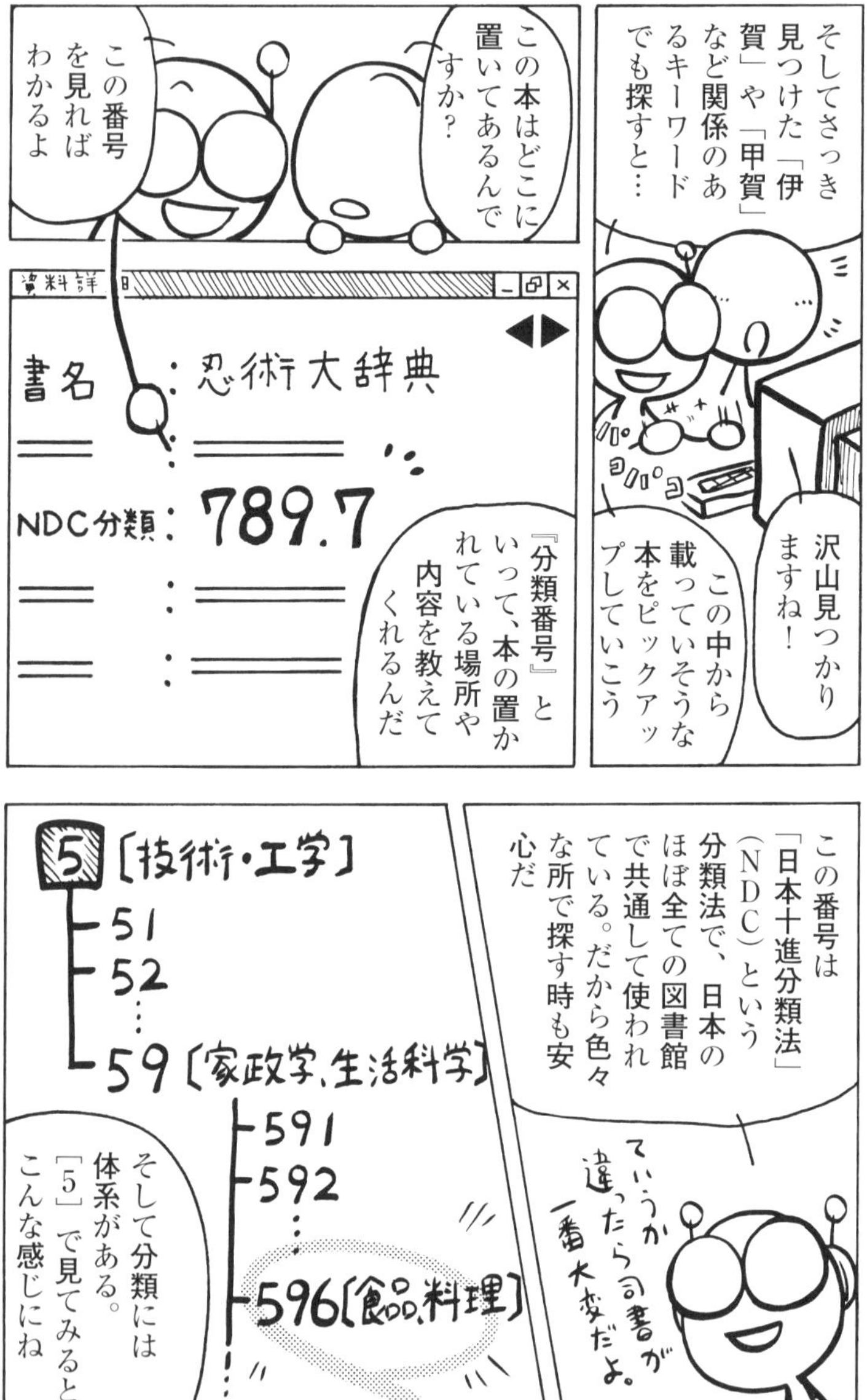

そしてさっき見つけた「伊賀」や「甲賀」など関係のあるキーワードでも探すと…
沢山見つかりますね！
この中から載っていそうな本をピックアップしていこう
この本はどこに置いてあるんですか？
この番号を見ればわかるよ
資料詳
書名：忍術大辞典
NDC分類：789.7
『分類番号』といって、本の置かれている場所や内容を教えてくれるんだ
この番号は「日本十進分類法」（NDC）という分類法で、日本のほぼ全ての図書館で共通して使われている。だから色々な所で探す時も安心だ
ていうか違ったら司書が一番大変だよ。
5〔技術・工学〕
51
52
59〔家政学、生活科学〕
591
592
596〔食品、料理〕
そして分類には体系がある。［5］で見てみるとこんな感じにね

参考：日本十進分類表（p.283）

番号が近い本は分類も近いから前後左右の棚も目を通しておくことがポイントだ！
思わぬ発見があるかもしれないよ
探す内容によっては離れた分類を見ていくこともある
飲食史
383.8
食品・料理
596
忍術
789.7
1
2
3
4
5
6
7
8
9
だから「忍者の食生活」なら
この辺りを見ていくかんじかな
分類番号の内容を覚える必要はないけど、
本が番号にもとづいて並べられているということを頭に入れておくととても調べるのに役立つんだ
そのことをふまえて探す範囲を広げたり、しぼったり、別の分類を見たり…
そんな柔軟な発想がなにより大事だよ
それじゃあ探していこうか
はいっ！

たべもの今昔物語
実録!
これで貴方も『忍』になれる!!
忍者3分クッキング
コツさえわかれば図書館で本を探すのは簡単だ!
こんなにあったんですねー!
ちゃんと調べれば見つかっただろう?
でもこれで見つからなかったら…
ご安心を!
そんな時は図書館のネットワークを使って解決を目指すよ!
国立
都道府県立
大学
専門
答を見つけられそうな図書館と連携して調査しあうんだ!
必要があれば図書館以外の研究機関や団体・組織などにも問い合わせたりするよ!
……
全ては疑問解決のために!
変な人だと思ったけど、図書館を利用する人達のために一生懸命なんだなぁ…
司書って受付や本の整頓をするだけかと思ってたけど
すごい人達なのかも

それじゃあ返却日は2週間後です
はいっ
あの、今日は本当にありがとうございました！
あ、まって忘れもの！
え？
わ
なぁあ゛あ゛!!!? なに被せてんですかあんた
――!!!
なにってレファレンジャーの証だよー
あっくそっ手使えないしっ
一人孤独に戦っていたレファレンジャー…
しかし今日、全てが変わった！
あの的確なツッコミ!!冷たさと激しさをあわせもつ対応!!
君こそ私のパートナーにふさわしい人材だ!!!
どうだい、これからも一緒に…

※本で人を殴ってはいけません。
Let's レファレンジャッ
遠慮させて頂きます
もう変な人に捕まらないようしっかり本の探し方を覚えておこう…
そう彼は心の中で決意したのだった
探本戦隊レファレンジャー
完。
※実際の司書はこんな変人ではありませんどうぞ安心して声をお掛け下さい
しかし本探しのコツは本物です！困った時は是非お試し下さいね

図書館のプロが教える〈調べるコツ〉 もくじ

第4章
「科学のこと」を調べる

第5章
「文学や芸術のこと」を調べる

第6章　「社会や時事のこと」を調べる

第7章　「郷土のこと」を調べる

第1章

「世界のこと」を調べる

ルーツを海外に求めて

よくライオンの口から水やお湯が出ているが、その由来は？

伊予 高史

「ほら、よく大浴場とかいくと、ライオンの口からお湯が出ているよね。お風呂だけでなく噴水なんかでも。あれ、なんでライオンなのだか理由があるのかなあ？」という質問を電話でいただいた。数日後、来館してくださるというので、その時までに調べておいてほしいとのこと。時間的な余裕はある。

ふと考えてみると、キリンにせよクマにせよヘビにせよ、自分の記憶の中ではライオン以外の動物の口から水やお湯が流れ出ているモニュメントを見かけた覚えはない。カバの口からお湯が流れている大浴場に入ってもなんだか疲れはとれなさそう……、シンガポールにはマーライオンの噴水なんていうのもあったと思うし……、やっぱりライオンに固執する理由があるのだろうかと思いつつ、調査を開始してみる。

さて何から調べていくべきか。水道とか動物とか調査を開始する候補がいくつか頭をよぎるが、こ

やっぱりライオンの頭が一般的だよねー
んー他にはなにがあるかなー
やかんなんてどう?
カップラーメン気分?
あっしょんべん小僧とか!
うわっヤダー!
アハハハハ
君らゲロ風呂のが良いの…?
スタスタスタ
か、飾りとはいえ口から出てるのはちょっとヤだよねー…
あ、あまりうれしくはないねぇ
ハニワなら
良い
ザパーーン
好き…なのかな
好き…なんだろうなぁ…
ハニワ…
スタスタスタスタ

ういうふうに調べられる分野の可能性がたくさんありそうな場合は、まず参考図書【注1】コーナーの百科事典で調査の土台を築いておきたいと思った。

百科事典でも何の項目から引くべきか迷うが、とりあえず順当に「ライオン」と「水道」という項目で、複数の百科事典を見て行くと、『世界大百科事典』[1]の「ライオン」の項目に「古代エジプトでは、太陽がしし座にはいる八月にナイル川の増水が始まるため、泉や水源にライオンの頭を模した彫刻を飾った。この風習がギリシア・ローマに伝わり、口から水を吐くライオンの意匠が浴場などに使われるようになった」と出ていた。

ふむふむ、なるほど、古代エジプトまで起源を遡れるのか、と、それを手がかりに古代エジプトの習俗関係の本に何冊か目を通してみるが、ライオンと水との関係についての記述は見つけられなかった。

ライオンや動物の雑学的な本を見ても直接この手のエピソードが出ているようなものはなさそうなので、ライオンを偶像・シンボルであるという発想をして、『世界シンボル辞典』[2]の「ライオン」の項をめくったところ、「樋口および噴水口として使われているライオンの頭部は、昼間の太陽、大地を潤す贈り物として吐きだされた水、をあらわす」と出ていた。『図解古代エジプトシンボル事典』[3]という本も見つかった。期待してめくっていくとライオンの項に「神殿の屋根にとりつけた縦の樋の排水口にライオンの頭をかたどった飾りをつけたのは、嵐の勢力をそらしたり、やわらげたりするためだった」という記述があった。もう少し詳しい説明があるとありがたかったな。

視点を変えて意匠や建築の方面の本を調べていく。『インテリア・家具辞典』[4]には「LION」および「LION HEAD」という項目があって、「古代エジプトでは、ライオンと水を結び付けて考え」「古代の古典的な寺院で、屋根の水の落とし口に使われ」と出ている。ついでに書架に並んでいた『古代ギリシャの都市構成』[5]という、ちょっと専門性の高そうな本にも目を通してみたところ「ひろがったたてがみを壁にしっかり固着させるのに具合がよかった」というような説明まで見つかった。たしかにデザイン的にはそんな気がしなくもない。

水や水道という視点からも何かわからないかと、『水のなんでも小事典』[6]をめくっていたら、蛇口の由来の記述の中に「ヨーロッパの水の守護神であるライオンのレリーフ」と記述があった。水道の本を何冊か見ていると、日本ではじめての水道が明治時代の横浜に敷設されたとき「獅子頭共同栓」が用いられたとある。ここは神奈川県にある、あかね市立図書館。さっそく神奈川県の郷土資料のコーナーにいって、横浜の水道関係の本などを見てみたが、獅子頭共同栓がイギリス製だったということ

調査の流れ

質問
↓
百科事典
↓
古代エジプト史
↓
シンボル
↓
水
↓
故事
↓
回答

思いついた可能性には、とりあえず目を通すこと。

しかわからなかった。だが、日本でもライオンの頭から水やお湯が出るのがポピュラーなのは、このあたりから定着していった風習なのかもしれない。

それではイギリスが出てきたところでもうひと粘りと『英米故事伝説辞典 増補版』[7]を手に取ったところズバリ「Lion's head」という項があり、「噴水などの水は、しばしばししの口から噴出するように造られる。これは古い習慣で、エジプト人はナイル川の洪水を象徴するのにししの頭をもってした。けだし、その洪水は太陽が獅子宮の所にあるとき起こったからである。このようにしてギリシアおよびローマでは、噴水にこれを用いるようになった」とあった。

けっきょく、最初に手にした百科事典を大きく上回る詳細な説明は見つけられなかったが、これだけ複数の資料で裏付けがとれれば、十分に自信をもって回答することができそうである。それ以上のことは、古代エジプトの信仰や、西洋建築史の研究論文でも探さなければわからないのではなかろうか。

ひと調べ終え、事務室でお茶をする。私は道後温泉が大好きであるが、本館（神の湯）の湯釜の湯口の上に大国主命《おおくにぬしのみこと》が刻まれているのはなぜだろうなどと考えつつ、年休でもとって松山・道後にでも行ってこようかな、「ことり」の鍋焼きうどんの味も懐かしいしなどと、たまっている仕事をよそに、現実逃避的な、よからぬ考えを浮かべるのであった。

【注1】 レファレンスブックともいう。事典・辞書・年鑑・目録・ハンドブック・統計など、主に調べものに役立つ資料のこと。

●主な参考資料

1『世界大百科事典 改訂版 29』平凡社 2005年
2『世界シンボル辞典』三省堂 1992年
3『図解古代エジプト シンボル事典 15』原書房 2000年
4『インテリア・家具辞典』丸善 1990年
5『古代ギリシャの都市構成』R・E・ウィッチャーリー著 相模書房(相模選書)1980年
6『水のなんでも小事典』講談社 1989年
7『英米故事伝説辞典 増補版』冨山房 1972年

格言

出る杭は打つ

一つの質問から、「どこに出てそうだな」というなるべく多くの可能性を考え、面倒くさがらずに、一つずつ確認していくこと。一つの確認から、さらなる可能性を生むこともある。可能性の豊かな発想を。

日本文化を英語で表現する

干支を英語で説明したい

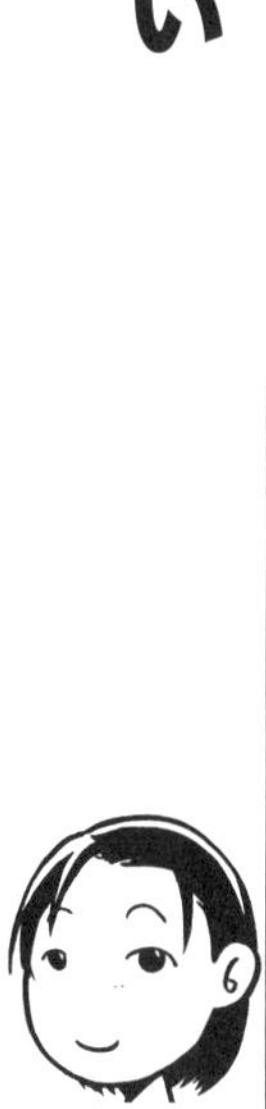
田中 弥生

私は、市内の図書館で臨時職員として働いている。土・日は利用者が多く、貸出・返却も半端じゃない。図書館なら知的労働と思って募集に応募したのに、とにかく肉体労働。こんなはずじゃなかったと思うけど、働きながらダイエットと思えばそれもよしかな。

お天気の良い日曜日、今日もメチャメチャ忙しそう。でも頑張らなくちゃ。そういえば、私の今日の運勢は「素敵な出会い」だった。いいことあるかも。

私が返却された本を目いっぱい抱えて書架に戻しに行くと、中学生くらいの男の子が書架の間を行ったり来たりしている。探しているものが見つからない様子なので、思い切って声をかけてみた。

「何か探していますか?」 すると、ちょっとホッとした顔つきで、何やら手にした鈴を見せ、

「すみません、これを英語で説明した本ありますか?」

「ん？　これって土鈴ですか？　土鈴を英語で説明するの？」そんな本あるのかな？　英語かぁ……苦手なのよね。

「えーと、土鈴のことじゃなくて、この干支《えと》のこと」よく見るとその土鈴は牛の形をしている。

「鎌倉でお土産に買ったんだ。僕は牛で、うちにホームステイしてるクリスにはねずみ。その時、何で同じじゃないの？　って聞かれて。うまく説明できなくて……」。土鈴じゃなくて干支ね。どっちも日本語で説明するのだって難しそう。うーん。

「じゃあ、一緒にカウンターまで来てもらえる？　ベテランの図書館員に相談してみよう」

「……で、私じゃ分からないのでお願いします」とレファレンス担当の石尾さんに引き継いだ。石尾さんは男の子を伴って民俗関係の本が置いてあるコーナーへ消えていった。

一日の仕事が終わって帰り支度をしている私に、石尾さんが例の調べものの首尾を教えてくれた。

「何とか調べられて、載っている本を借りて帰ったわ」

「良かったですね。私じゃ探せませんでした。ありがとうございます。でも、石尾さん何で民俗の書架へ行ったんですか？　干支は占いとか易とかの棚ですよね」。この棚はよく見るのよね。私も。

「そうなんだけど、英語でしょ。干支関係の英語の本はうちにはないじゃない。だから、干支の人形や雛人形が載っている民芸品の図録に、英文併記の本があるかしらと思って。図録って英文併記のものの結構あるし、絵や写真もたくさんあるから。

でも当てが外れて、干支について書いてある本はあったのだけど、残念ながら英文併記の本はなかったの。事典ならと思って、民俗事典いくつか見てみたんだけど全滅。どうも民俗の線はダメみたいだから、もう少し広げて日本の文化ならどうかしらと考えていた時に、『バイリンガル日本事典』[1]があるのを思い出して、確か英文併記だったはずと思って中身を確認したら、ばっちり〝バイリンガル〟なの。

索引に〈干支〉じゃ項目がなくて、〈十二支〉で引いてみたら載っていたんだけど、〈日本文化と動物〉の項目の中の一部で表現が硬くて、干支についてはあんまり詳しくないの。〈天ぷら〉や〈すき焼き〉には写真も付いていて、簡単な調理法とか名前の由来とかまで書いてあるのに。それで、もう少し中学生向きで読み物的な本があったら、貸出もできるからいいなと思ってOPAC【注1】で蔵書検索してみたの。〈日本〉と〈文化〉がキーワードじゃ、一般書だとかなりあるじゃない。直接書架に行っても探せないかもしれないし、ある程度目星つけて行かないとね。日本と文化を掛け合わせ検索したら、『日本文化を英語で紹介する事典』[2]という本がヒットして、その本のデータ【注2】を見たら和文英訳ありって書いてあってラッキーと思ったわ。書名は事典になっているけど、一般書扱いの本で貸出しもできるし。まあ、最終的には現物確認してみないと使えるものかどうかはわからないけど。

こっちの本は、〈十干十二支《じっかんじゅうにし》〉で載っていて、十二支の絵もついているし、年齢を十二支に当て表したりするってちゃんと書いてあるの。そんなに詳しいわけじゃないけど、本人に確認したら、これで十分だって言うから。貸出して調査終了したのよ」

「もし、もっと詳しい本をって言われたら、うちの図書館にあるんですか？」

「今すぐ本を提供することはできないけど、購入希望を出してもらったり、県立の図書館で持っていれば取り寄せもできるし、一部分ならコピーサービスを頼むとか、提携先の大学図書館に直接行ってもらうとか、いろいろ手はあるわ」

「そうなんですか。調べもののネットワーク【注3】ができているんですね」

今日は知的労働の一端を担えた気がするなぁ。でも、私が調べた訳じゃないから微妙。そうだ、私の〈素敵な出会い〉はどこに行っちゃったのかな。まさかあの中学生？　まっいいか、今日はいろいろなこと教えてもらったし。

調査の流れ

質問
↓
民俗学の本
↓
日本文化の英語事典
↓
回答

どこに回答が出ていそうか発想していく。

【注1】いわゆる蔵書検索をするためのコンピュータ。Online Public Access Catalogueの略。ほとんどの公共図書館の蔵書は、コンピュータで調べられるようになっていて、一般に公開しています。インターネットに繋がったパソコンであれば、自宅からでも検索ができます。

【注2】本のデータには、その本を特定するのに必要な情報を盛っています。書名、著者名、出版者、出版年、版表示などが書かれています。また、特徴的な項目があれば、それも注記します。今回のように、和文英訳（英文併記）だったり、付録、肖像、参考文献あり、などもこれにあたります。

【注3】自分の町の図書館に欲しい本がなくても、県内の他の図書館から借受けたりするサービスがあります。県立図書館は地域の図書館のバックアップをしています。また、近隣の大学図書館などを利用できる自治体もあります。調べ物についても地域で解決しなければ、県立図書館や専門図書館、国立国会図書館を総動員して調べます。

●主な参考資料

1『バイリンガル日本事典：a Kodansha encyclopedia』講談社インターナショナル ２００３年
2『日本文化を英語で紹介する事典 第３版』ナツメ社 ２００４年

ちなみに、和文英訳ではなく全部英語ですが、日本のことについて調べられる百科事典があります。日本の出版社からでているので、日本独特の文化などについても詳しく説明されています。

※『Kodansha encyclopedia of Japan（英文日本大百科事典）全９巻』講談社 １９８３〜１９８６年

また、イラスト付きの事典もあります。

※『Japan : an illustrated encyclopedia（英文日本大事典）』講談社 １９９３年

格言

図書館員は体力・気力、知力は後からついてくる

図書館員の仕事は、日々肉体労働なのです。でも、皆さんからのいろいろな問い合わせを諦めずに根気良く調べていくうちに自然と知識も知恵も増えてくることをいいます（すでに知力が十分に備わった図書館員もたくさんいるのでご安心を）。

一つの分類にこだわらない

張飛や関羽はどんな料理を食べていたのか？

木崎 ふゆみ

カウンターにいる時は、貸出、返却作業の他、資料に関する相談を受けたり、図書館カードを発行したりとあわただしい。でも、できるだけ館内に目を向けて、困っている様子のお客様がいたら声をかけるようにしている。ある日、一人の女子高生がけっこう長い時間、ＯＰＡＣに張り付いているのに気がついた。

「何かお探しですか？」と声をかけてみる。ちょっと驚いた様子だったが、「レポートで使う資料を探しているんです」と話し始めた。

「〈三国志〉に出てくる張飛や関羽が、何を食べていたのか調べたいんですが、うまく探せなくて」と言う。

まあ「三国志」！　私も好きですよ、「三国志」。最初に出てくる武将が張飛とは、もしやあなたは北方三国志の愛読者ですか？　それに、三国志の時代の食べ物と言ったら、そりゃ、〝に○まん〟でしょう、と某ゲームの画面が思い浮かび妄想モードに入りかける。いかんいかん、目の前の女子高生はとても困っている様子なのに。ああ、ごめんなさい。こんな不真面目な連想をして、大人って汚れてるよね。いや、汚れてるのは大人でなくて私か。

仕事に戻ろう。レポートと言っても、大学でいうなら卒業論文にあたるような、卒業レポートなのだそうで、女子高生、かなり気合が入っている。そういう課題が出るとは、最近の高校生も大変ですね。

さて、この時点での成果を聞いてみる。まずは、実際に書架に行き「三国志」と名のつく本や中国の歴史の本を端から見ていったそう。

「見つけたのがこの本です」と女子高生が見せてくれたのは、『画像が語る中国の古代』（平凡社）と『中国古代の生活史』（吉川弘文館）。いずれも、古代中国の什器《じゅうき》や飲食、調理について一章を割いているが、時代としては漢代が中心となっている。ちゃんと中まで見て探していったとは素晴らしい。書名だけで探していっても、細かい事項になると、出てこないもの。このように目次までチェックすると、効果的な資料探しができる。

ちなみにこの2冊の分類番号は中国史［222］。実は食物の歴史だと、衣食住の習俗［383］や食品・料理［596］に分類されるので、そちらの棚も見る必要があるのだ。［596］料理の棚はともかく、［380］風俗習慣・民俗学・民族学に、衣食住の歴史が分類されるというのは、正直、お客様にとってはわかりにくいだろうなと思う。同じような主題・テーマでも、視点やアプローチの方法により、必ずしも同じ分類番号になるわけではないので、図書館で本を探す時は、複数の分類番号の書架にあたることは必須なのである。

　おっといけない、女子高生である。棚をさらった後は、「三国志」「蜀」「食べ物」といったキーワードでOPACにて蔵書検索したが、それらしい資料が見つからず、途方に暮れていたところだった。

「時代や場所など特定の言葉で蔵書検索してもうまく行かないときは、〈中国〉や〈食物〉のように、意味が大きく取れる言葉で検索してみるといいですよ」と説明して、一緒に検索してみる。

　いくつかヒット。分類番号［596］［383］の資料が並ぶ中、中国料理の百科事典がでてきた。

　事・辞典類は、調査の糸口として大変役に立つ。調べたいことがコンパクトに解説されているし、参考資料を掲載している場合は、そのジャンルの基本となる資料が紹介されているので、そこを手がかりに調査をすすめていけば、無駄を減らしつつ調べていくことができるのだ。まあ、いつもうまくいくとも限らないのだが。

『中国料理百科事典』[1]の第7巻に、食物文化史を年代ごとに解説した項目があった。三国時代は、「後漢→隋（1C~7C）」の項で取り上げられている。具体的な料理法などの説明はなかったが、五五〇年ごろに成立した最古の農法・調理法書『斉民要術』[2]があることがわかった。当時までに中国で書

かれた食物関係の記事が網羅されており、具体的な作り方も載っているという。後魏の書ではあるが、役に立ちそうだ。

他にヒットしたのが、『中国食物史』[3]『中国食物史の研究』[4]。『中国食物史』は、各時代の食生活や調理法、食材を古典籍から抜きだして解説したもの。「後漢・三国」の章で、三国時代が取り上げられている。宴会や厨房の様子を彫り込んだ画像石も図版入りで紹介されている。同じ著者による『中国食物史の研究』は、『中国食物史』のグレードアップ版とでもいうもので、こちらにも後漢・三国の割烹について解説している論考があった。乾肉、膾、塩辛、漬物、ナレズシ、麹など、具体的な料理の名前等が多数紹介されている他、炙り焼きにする、蒸し焼きにする、煮るなどの調理方法や、牛、羊、粟、黍、蕨、海苔、棗、栗、梅などの食材が『中国食物史』よりも、より具体的に挙げられている。

さて、これまでに見つかった資料の引用文献や参考文献をチェックしていくと、「古代中国画像の

調査の流れ

質問
↓
中国史
↓
中華料理の本
↓
中国食物史
↓
回答

複数の分類を思い浮かべることができるかどうか。

割烹と飲食」という論文が『論集 東アジアの食事文化』[5]に収録されているとあった。さっそく手に取ってみると、古代中国の食物や宴会風景などが、かなりくわしく解説されている。しかしながら、時代的には漢代が中心。

うーん。残念だが三国時代に絞られた資料は見つからない。中国五千年の歴史に対し、三国時代は約60年。三国時代のみを取り上げた資料を探すのはやはり難しいか。

「とりあえず、探していただいた資料を読んでみます」と閲覧席に向かった女子高生と別れて、カウンターへ戻る。さきほど案内した資料は、専門的なものばかりだったし、何か高校生にもわかりやすい、楽しげな資料はないかと、カウンター業務の合間に、ティーンズコーナー【注1】の書架を見てみる。三国志関係は若いお客様に人気なので、あまり在架しているものはなかったが、『三国時代スペシャル』[6]に、「三国時代の酒池肉林」というページがあり、酒と美味美食について解説されていた。凄いタイトルだなあと思いつつ、調査の足しになるかと、女子高生のところに持っていく。

「今回の資料で何とかなりそうです。検索機で出てこなくても、キーワードを工夫したり、引用文献や参考文献をたどっていくと、資料が探せるんですね。参考になりました。ありがとうございました」と貸出カウンターで丁寧にお礼を言って帰っていく女子高生がさわやかであった。

実は、今回使用した資料の中で、頻繁に取り上げられていながら内容を確認できなかった文献があった。「漢代の飲食」（林巳奈夫）という論文で、『東方学報』という雑誌の第48冊に収録されている。参考文献芋づる方式だと、時として未所蔵の壁にぶちあたることも少なくない。その場合は、所蔵している図書館を紹介したり、資料を取り寄せたりということもしている。

まあ、これは漢代の飲食についての論文だというし、他に提供できる資料もあったから、今回はそこまでやる必要もないかと思うが、追加で相談されたら、ＩＬＬ【注2】のサービスも紹介してみようかな。

事務室に戻って、ゲーム仲間の伊予さんに「〈三国志〉の武将って何を食べていたと思う?」と聞くと、開口一番「ぶた○んでしょ」。

お約束の反応ありがとう。

「〈三国志〉を通読して、食事のシーンを抜き出すという手もあるよね」

とは、レファレンスの内容を聞いた伊予さんの弁。それはまた気の長い調査だこと。それに、『三国志演義』は小説で、成立したのは明代初期ですぞ。


【注1】主に10代のお客様を対象としたコーナー。ヤングアダルトコーナーとも言う。各分野の入門書の他、芸能や受験・進路情報、小説など若い世代の需要や人気が高い資料を中心に構成される。

【注2】ＩＬＬ（Inter-Library Loan）……図書館間で行われている相互貸借サービス（文献複写や資料現物の貸借の依頼および受付）。

●主な参考資料

1『中国料理百科事典 7』同朋舎出版 1988年
2『斉民要術 現存する最古の料理書』雄山閣出版 1997年
3『中国食物史』篠田統著 柴田書店 1974年
4『中国食物史の研究』篠田統著 八坂書房 1978年
5『論集 東アジアの食事文化』平凡社 1985年
6『三国時代スペシャル』ログイン&アスペクト編集部編著 アスペクト 1997年

格言

司書も歩けば資料にあたる

コンピュータの検索データとにらめっこしているだけではなく、書架をブラウジングしていたら思わぬ発見が。

少し昔に話題になった事柄を調べる

韓国・北朝鮮の人名はいつから現地読みになったのでしょう?

横道 独歩

韓国からの留学生という女性がレファレンスカウンターにやって来た。少したどたどしいところもあるが流暢な日本語で話しかけてきた。

「自分がいま通っている日本の大学の図書館で本を読んでいて気づいたのですが、韓国の人の名前のヨミが日本式の読み方で書かれていました。以前は日本の人は韓国の人の名前を日本式に呼んでいたのでしょうか?」ややおぼつかない部分を補うと、こんな内容の質問である。

自分が幼少の頃、後に大統領になった金大中氏が拉致された事件があったことをおぼろげながら記憶している。そのとき金大中氏の呼称は「キン・ダイチュウ」という日本式の呼び方をしていたのを覚えている。また、北朝鮮の金日成も以前は「キン・ニッセイ」だったが、「キム・イルソン」に変わった。そんなことを思い浮かべながら、

「確かに日本では以前、韓国や朝鮮の人の呼び方を日本式の呼び方にしていました。それが少し前か

らあなたの国の呼び方に変わったようです」と答えると、

「では、いつ頃どんな経緯があったのでしょうか？」とつづけて質問が返ってきた。

うーん。いつ頃からだろうか？　確か全斗煥大統領を、はじめは「ゼン・トカン」と呼称していたのに、いつからか「チョン・ドゥホァン」と呼称するようになった。一九八〇年代だと思うが定かではない。

「わかりました。調べてみますから閲覧席で少しお待ちください」

「はい。お願いします」と返事をして、留学生は閲覧席の方に向かった。

まず、レファレンスカウンターのインターネットを検索してみた。「韓国 人名 読み」、「北朝鮮 人名 読み」などで検索したが、韓国・北朝鮮の人の名前のルールを説明しているページは見つからなかった。

官公庁のサイトで、外国人名ならば外務省のサイトになんらかの情報が載っているかと思いアクセスしてみた。同様に文部科学省のサイトにもアクセスしてみた。「常用漢字表」など日本語関係の基準を定めている機関なので、人名の読みに関するものもあるかと考えたからである。けれども関連する情報はどちらにも見つからなかった。

インターネットから参考になるような情報は見つからないようなので、当館に所蔵している資料の中から情報を探すことにした。

まず、ＯＰＡＣで蔵書検索し、目ぼしい資料の見当をつけることにした。キーワード欄で「韓国人名」と検索。有効そうな本が1冊ヒットしたが、書架に行って現物にあたり情報を探るしかないようである。

レファレンスカウンターを立ち、参考図書コーナーに向かった。人名に関することなので人名辞典の書架を見た。韓国の人名辞典でさきのOPACの蔵書検索でヒットした資料で『韓国姓名字典 名前を正しく読むために』[1]という本が目に留まった。「はじめに」の中で北九州市の崔昌華《チェチェンファ》氏が、自分の名前の母国語読みを知りながら日本語読みされたのは人格権を侵害し民族の誇りを傷つけたということで、NHKを訴えた裁判が紹介されている。氏名を正確に呼ばれることは人格権に含まれるという判断が示され、以降韓国・朝鮮人名を原音に近い音で読もうとする動きが広まったという。関連情報として回答の手がかりの一つにはなるかもしれない。この本の出版は一九八八年であり、その序文に書かれているということは、韓国・北朝鮮人名の現地読みは八〇年代に定着してきたと推測ができる。

NHKが関係した情報があったので、放送関連の事典類

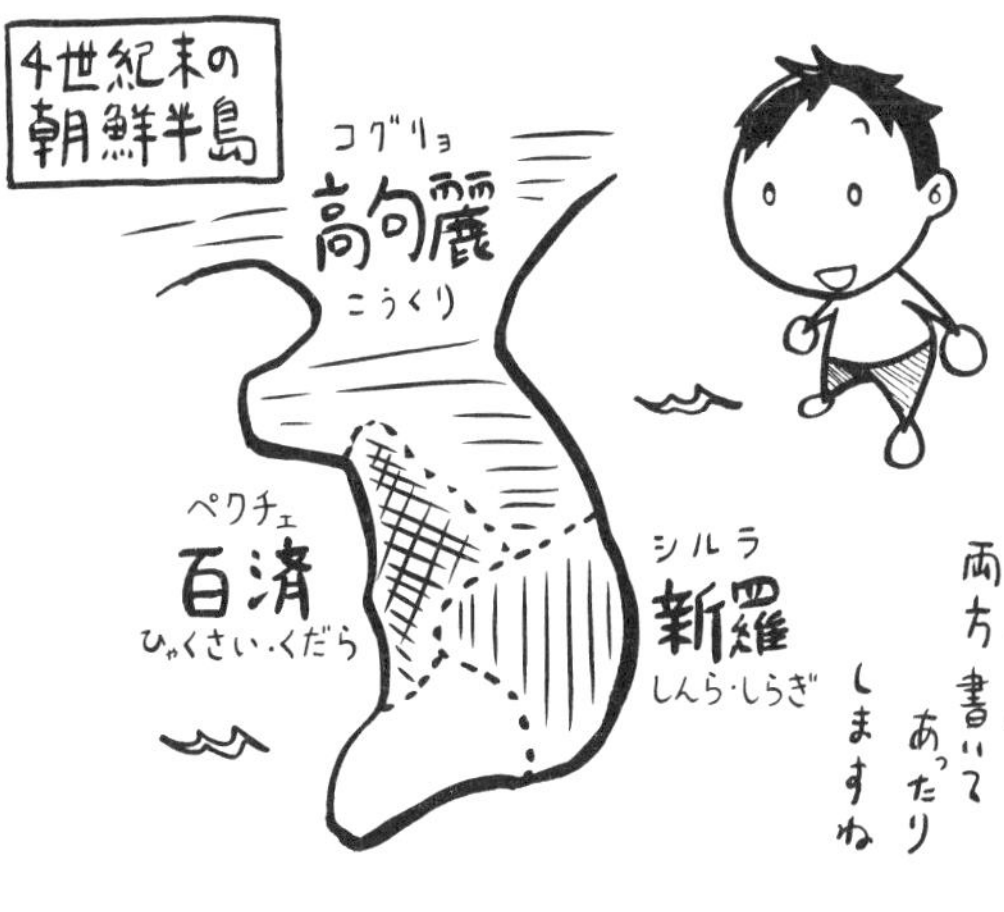
昔の地名は両方書いてあったりしますね

も見ることにした。放送関係の分類番号は［699］である。そこに並んでいる資料を見ると、『放送史事典』[2]の「韓国・北朝鮮の人名呼称」という項にもこの裁判に関する記述があった。読みについては「83年7月の二審以後、外務省は韓国の地名、人名を現地読みにしており、放送各社も日本語読みと現地読みを併用するなど、現実は崔牧師の主張する方向で改善が図られていた」とある。

この記述から一九八三年以降に外務省や放送機関が現地読みを採用していったようである。一九八〇年代ならそう古くはないので当時の新聞にも関連した記事が掲載されているのでないかと思った。

古い時代の新聞は、たいていの公共図書館では朝日新聞・読売新聞・毎日新聞など、いずれかの主要な新聞の縮刷版【注1】を保存している。

これまでの調査で、一九八三年七月の二審以降、外務省と放送各社が読みについて改善をしたということなので、それ以降の朝日新聞縮刷版を月ごとに調べてみることにした。結構大変だったが、一九八三年七月と一九八四年八月に、なんとか以下の記事を発見した。

・「氏名民族読み 棄却 人格権侵害せず 日本語読み認める 福岡高裁」一九八三年七月二十一日夕刊
・「創氏改名 氏名韓国読み控訴棄却」一九八三年七月二十一日夕刊
・「ＮＨＫニュース・崔氏の訴え 氏名韓国読み控訴棄却」一九八三年七月二十一日夕刊
・「判決どうあれ 名前チォエ 氏名韓国読み控訴棄却」一九八三年七月二十一日夕刊

・「背景に差別の歴史 崔さん人権確立求め闘う 氏名韓国読み控訴棄却」一九八三年七月二十一日夕刊
・「中国・韓国人の名 現地読みに」一九八四年七月五日朝刊
・「韓国・北朝鮮の人名呼称 要人は現地読み NHK・民放とも変更」一九八四年八月十五日朝刊

5番目までの記事は崔氏の裁判の関連記事である。当時社会的な関心を呼んでいたことがうかがえる。

5番目の記事には、外務省が当年元旦から当時の全斗煥韓国大統領の名を韓国読みの「チョン・ドゥホァン」と呼ぶことにしたこと、電電公社も電話帳の崔氏の掲載記事をサの項からチの項に移したこと、NHKも在日韓国人が登場する番組では韓国読みで放送するようになった、と書かれている。

6番目の記事では、当時の安倍外相が外務省で中国や韓国人の名称を呼ぶ際、日本式の読み方ではなく現地の発音を採用し、書類に漢字で名前を記す際には、片仮名で現地の発音のルビをふるよう省

調査の流れ

質問
↓
インターネット
↓
参考図書
↓
放送関係
↓
新聞縮刷版
↓
回答

いつ頃のことだったか、あたりをつけて調査をすすめる。

内に指示した、とある。

7番目の記事では、NHKが全斗煥大統領の来日を機に、現地の日本語読み・漢字表記から、現地音読み・片仮名表記に改める、北朝鮮も同様とする、民放各局も大統領の来日までに足並みをそろえる、とある。

これらの記事から、一九八四年八月の全斗煥大統領の来日を機に、外務省やNHKはじめ報道機関が現地読みに変更したこと、またそのきっかけをつくったのが崔氏の裁判であった、と結論づけられるようだ。韓国・北朝鮮の人の名前の読みや表記を定めた基準などは見つからなかったが、上記の記事は朝日新聞という世間認知度のある新聞に掲載された記事であり、外務省や報道機関の方針を知らせる内容であるから、信頼できる資料といえる。

まあなんとか質問の回答になり得る結論が出たので、閲覧席で本を読んでいる先ほどの韓国の留学生に声をかけた。レファレンスカウンターに来てもらい、以上の調査結果を伝えた。

「以前、在日韓国人の集まりに参加したことがあります。その時に今教えてもらった裁判が過去にあった、ということを聞きました」と話してくれた。

【注1】 新聞を縮刷し、ひと月で1冊にまとめたもの。事項ごとの索引がついている。

●主な参考資料

1『韓国姓名字典 名前を正しく読むために』三修社 1988年

2『放送史事典』学友会センター 1992年

格言

慣習からルールに、ルールから慣習に

社会の常識には、定着している慣習がルールや決まり事に定められる場合と、反対にルールや決まり事が公によって定められてから社会に浸透し常識化する場合があります。

歴史・地理の本で調べる

ピラミッドに「最近の若い者は……」という落書きがあるってホント?

田中 弥生

やっと午前中の配架【注1】が終わり、ほっとしているところに伊予さんが声をかけてくれた。

「今日は朝から返却本が多かったですね。たくさんの人が本を借りてくれて図書館としてはうれしい悲鳴だけど、毎日配架する田中さんは大変ですね」

「ハイ。でも、いろいろな本と出合うチャンスなので楽しいですよ。返却された本を自分でも借りて帰ったりしています。こんな本があったのねって毎回思います」

「そう思ってくれているなら助かるけど、毎日配架ばかりで嫌にならないかなと、ちょっと心配していたんだ。仕事のことでも本のことでもなにか気になることがあったらいつでも言ってね」

これはチャンスかも。実は伊予さんに頼みたいことがあったんだ。なかなか話せなくてのびのびになっていたけど。以前から甥っ子に頼まれてた調査のことを今日こそ聞いてみよう。

調査カード

質問要旨	ピラミッドに「最近の若い者は…」という古代エジプト人の落書きがあるってほんと？ （口答・電話・ＦＡＸ・手紙・メール）※口答に丸印

調査記録欄	所要［メチャメチャたくさん 分］
例 探索方針▼調査経緯▼	調査方針 ① ピラミッドの謎・逸話関係の本を探す ② ダメな時は 古代エジプトに枠を広げる ③ 人生訓を箴言・名言・格言集等で探す 調査経緯 『図説大ピラミッドのすべて』『ピラミッド大全』『ピラミッド大百科』全滅。 旅行ガイドブック，ヒエログリフ（古代文字）もダメ。あーあ… 枠を広げて，古代エジプトの本1.『古代エジプトの人生の遺産』2.『物語古代エジプト人』に人生訓発見。しかし，明確な出典は不明。 『世界ことわざ大事典』その他名言集等も全滅。ここで“SOS”発令 本宮さんからインターネットで見たとの情報提供あり。（現在は削除ずみHP） 3.『木綿以前の事』（柳田國男著）の中にエジプトの古墳発掘の際に出てきた手稿に書かれていたらしいとのこと。現物で確認。 話としては手稿よりピラミッドの方がずっとおもしろいんだけど…。
回答要旨	ピラミッドにも書かれていたかどうかは不明。 しかし，この逸話が載っている資料3と人生訓が載っている1，2，を紹介。 1.「古代エジプトの人生の遺産」吉村作治 青春出版社 2002年 2.「物語 古代エジプト人」松本弥 文藝春秋（文春新書）2000年 3.「木綿以前の事」柳田國男 岩波書店（岩波文庫）1979年
感想・備考	根拠や出典を特定することがこんなに大変だとは思わなかった。 結局，明確な回答をすることができなかったのは残念。実はここに挙げた本より たくさんの本にあたった。“下手な鉄砲も数打ちゃ”と考えたが甘かった！ でもとても勉強になったし，楽しかった。 『世界ことわざ大事典』は役に立ちそうだ！

「ずうずうしくて申し訳ないんですが、伊予さん。ちょっと調べて欲しいことがあるんです。うちの甥っ子が、ピラミッドに〈最近の若い者は……〉という古代エジプト人の落書きがあると友達から聞いて、自分でもインターネットで調べたらしいんです。でも、具体的なことはぜんぜん載っていないらしくてわからなかったというんです。身内のことで恐縮ですが、お手隙の時に調べていただけますか?」

「へぇ、そんな話があるんだ。面白いね。僕がやるのは構わないけど、せっかくだから田中さん自分で調べてみたら? 配架と書架整理をもうずいぶんとやってもらっているから、うちの蔵書は田中さんが一番詳しいかも(笑)。わからないことがあったら聞いてくれればいいし」

「でも、やったことないし……私にできますかねぇ……」

「何ごともやってみなくちゃわからないよ。田中さんが即戦力になってくれたらこっちも助かるし、せっかく図書館に勤めてるんだしね」

今日の私の運勢は「ぎりぎりまで諦めない」だったっけ。なんとかなるかな……。

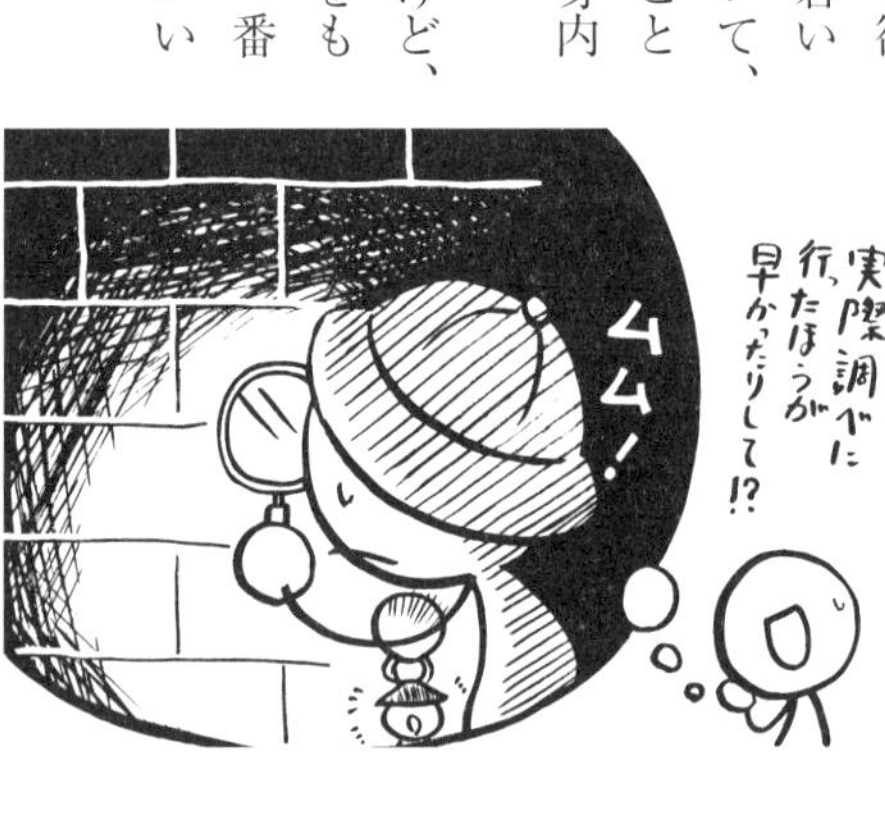

勤務時間終了。さあ、新たな挑戦のはじまり。

伊予さんに教えてもらった最初にやるべきことは、探すためのキーワードを選ぶこと。今回は、「ピラミッド」と「謎」「逸話」で。ピンポイントで調べて出ていなかったら、キーワードを変更したり、範囲を広げること。

まず、ピラミッドの謎や逸話が載っていそうな資料を探してみることにする。エジプトの歴史関係の書架で、『図説大ピラミッドのすべて』（創元社）『ピラミッド大全』（法政大学出版局）『ピラミッド大百科』（東洋書林）などなど、いろいろ見てみるが、建築の謎やピラミッドパワーの記述はあっても、「最近の若い者は……」はなし。伊予さんに、旅行ガイドブックなら軽めのコラムとして載っているかもとヒントをいただいて、いくつかの旅行ガイドブックのピラミッドのところを見てみるが記述なし。伊予さんに教えてもらったように、ピラミッドからもう少し枠を広げて古代エジプトの資料にもあたってみることにする。

『[1]古代エジプトの〝人生の遺産〟』。人生訓的でちょっといいかも。中を見ると、「今どきの若い者は

調査の流れ

質問
↓
ピラミッド
古代エジプト
↓
ことわざ
↓
柳田國男
↓
回答

思わぬところに記載が見つかることもある。

……」の記述発見。やった！　と思ったのもつかの間、話の出どころの根拠となるものは書いてない。さらに探索。『物語古代エジプト人』[2]、目次をみると「若者と老人」の項目あり。期待して中を見ると、著者を戒めるいくつかの言葉がでてくる。そのうちの一つに「参考『古代オリエント集』」とあるので、この本を蔵書検索してみるが所蔵していない。調査ってこんなに大変なのねぇ。棚にエジプト古代文字の「ヒエログリフ」関係の本も並んでいたので、いくつか見てみたがみつからない。私の調べ方が悪いのかな。明日、伊予さんに相談してみようっと。

「調べ方は間違ってないと思うよ。でも『古代オリエント集』（筑摩書房）を所蔵してないのは残念だったね。ほかに思いつくのは、ことわざや箴言《シンゲン》・名言・格言集かな。どうする？　この先もやってみる？それともこっちで引き取ろうか？」

「ここまで頑張ったので、もう少しやってみます」

「そう、じゃあ参考図書コーナーに『世界ことわざ大事典』[3]があるから、それを調べてみたら？　この事典は、大部だけど、キーワードからも地域からも検索ができるから」

いざ、参考図書コーナーへ。『世界ことわざ大事典』はすぐに見つかったが、目次にエジプトは載っていない。仕方ないのでアラブ・アフリカ地域で調べてみるが、それらしいものはない。再度目次を見てみると、地域別の他に世界の古典の章があり、ここにシュメールがある。もしかしたらと探してみるが不明。索引から、「若者」「老人」両方のキーワードで引いてみるがやはり不明。あーあ。でもこの事典、調べたいことは載ってなかったけど、ことわざを調べるのには便利そう。覚えておこう。ほかの箴言・名言集も調べてみるが、収穫なし。やっぱり私じゃ無理なのかも。

「そう、ことわざ事典もだめだったのか。かなり手強い調査になっちゃったね。簡単にやってみたらなんて勧めて悪かったね。後は、他の館員にも聞いてみよう。誰か似たような調査をやったことがあるかもしれないから」とお昼休みに電話当番をしていた本宮さんに聞いてみた。

「その話、知っています！　私も調べたんです。少し前ですけど。ちょっと待っていて下さいね、いまメモ持ってきます」

なんと！　初めから本宮さんに聞いていれば、私の延べ2時間は……。いいや、大変だったけど、調査は結構面白かったし、勉強にもなったのよね。大学を卒業して早○年。久々に勉強したもんね。

本宮さんは、学生の時、インターネットの書き込みで見つけて面白いから自分でも調べてみたとのこと。その時の記録によると、「柳田國男の著書『木綿以前の事』[4]という本に〝最近の若い者は……〟という記述がある」と書かれたサイトを発見し、実際に本で確認をしたとある。さすが本宮さん。学生時代から司書になる素質十分だったのね。

再度、「柳田國男」「最近の若い者は」「木綿以前の事」のキーワードでインターネット検索をしてみるが、ヒットしない。既に削除されてしまったページらしい。でも、柳田國男の『木綿以前の事』を所蔵しているので、現物を確認すると、「昔風と当世風」という章の中に「先年日本に来られた英国のセイス老教授から自分は聴いた。かつて埃及《エジプト》の古墳発掘において、中期王朝の一書役の手録が出て来た。（中略）その一節を訳してみると、こんな意味のことが書いてあった。曰くこの頃の若い者は才智にまかせて……」云々と記述があった。そこで、セイス教授について伊予さんが調べてくれた。教授がヒッタイトを命名した高名な考古学者だということはわかったが、このエピソードについてはこれ以上詳しいことはわからなかった。

「セイス教授は有名な先生みたいだから、英国で業績集や自伝みたいなものが出ているのかもしれないね。そうしたら、柳田國男に話をしているくらいだから、発掘の経緯の中にもう少し詳しいことが書いてあるかもよ。ここから先は英語資料の探索かな。うちの所蔵資料じゃあ無理だけど、いつかこの先をトライしてみるのも面白いよね」

　さすが、歴史好きの伊予さん。図書館員って英語できないとダメなのかなぁ……。でもレファレンスって奥が深いんだな。これからは、お休み時間に参考図書も眺めてみよう。

甥っ子には、この柳田國男の『木綿以前の事』と『古代エジプトの〝人生〟の遺産』、『物語古代エジプト人』を貸出してもらって見せた。

「へえ、ピラミッドじゃなかったけれど、やっぱり本当の話なんだ。友達にも教えてあげようっと。で、ほんとにおばさんがここまで調べてくれたの？　すごいじゃん」

「……半分はね」

【注1】返却された本を書架に戻す作業を図書館用語で配架といいます。

●参考資料

1『古代エジプトの〝人生〟の遺産』吉村作治著 青春出版社 2002年
2『物語 古代エジプト人』松本弥著 文藝春秋（文春新書）2000年
3『世界ことわざ大事典』大修館書店 1995年
4『木綿以前の事』柳田国男著 岩波書店（岩波文庫）1979年

格言

聞いて極楽、見て地獄

簡単な調査ですぐ終了と思いきや、どの本を開いても調査がすすまない……。

第2章

「身近な生活のこと」を調べる

祝日の由来

「海の日」に関する法令とその由来を知りたい

本宮 美里

七月に入りいまだ雨続き。梅雨なのだから仕方がないけれど、気持ちまでどんよりしてくる。いやいや、こんな時こそ気持ちは晴れやかにあらねば！　人知れず気合を入れつつ、今日も私は配架&書架整理に励んでいる。この図書館で働き始めて3カ月ちょっと。入りたてほやほやの新人司書である。配架や書架整理を通じて、やっとどこにどんな資料が置いてあるか大まかではあるけれど、把握できてきた気がする。だけどお客様に棚の場所を聞かれるのはまだ怖い……。

「すみません、〈海の日〉の由来について書かれた本を探しているのですが、どの辺りの棚にありますか？」

来たー！　質問が来た！　落ち着け私。とりあえず、質問の内容を確認してみよう。

「海の日の由来について書かれている本ですね」

「そうです。それと、海の日に関する法令も知りたいのですが」

調査カード

質問要旨	「海の日」に関する法令とその由来について （口答・電話・FAX・手紙・メール）

調査記録欄	所要［だいたい30分］

例

探索方針▼調査経緯▼

＜探索方針＞

① 館内のOPACを使って、「海の日」について書かれた本を探す

② 最初の「海の日」の新聞を見てみる

③ 法令は『六法全書』で調べる

＜調査経緯＞

① 館内のOPACを使って、キーワード：「祝日」で検索。
『「国民の祝日」の由来がわかる小事典』所功 PHP研究所 2003 がヒット。
請求記号は386で書架に行くと、同じ386辺りに、
『祝祭日の研究：「祝い」を忘れた日本人へ』産経新聞取材班 角川書店 2001
や『記念日の事典』加藤迪男編 東京堂出版 1999 などの本があり、
由来については、この3冊でわかりそうだ。

② 「海の日」が開始された年は①より平成8年（1996年）。
1996年7月20日の朝日新聞を見てみた。記事としてはそれほど大きく取りあげられておらず…。その日の新聞中の政府広報や全面広告で「海の日」がPRされていた。

回答要旨

③ 法令というと『六法全書 H18版』菅野和夫他編 有斐閣 2006 が思い浮かんだので、それを使って調べた。①で「海の日」に関係する法令は「国民の祝日に関する法律」とわかったので、『六法全書』の該当箇所を確認。「海の日」に関する法令もゲット。

利用者には①〜③の内容を案内した。

感想・備考

「海の日」に関して新聞では大きな記事になっていると思ったので、少し意外だった。「海の日」が開始された1996年7月20日は、アトランタオリンピックの開幕日、そしてせっかくの祝日なのに土曜日…。注目が低かったのかもしれない。

話しかけてきたのは私より少し年上かと思われる女性。「海の日」に関する質問が出てくるとは、さすがは海の見える図書館。そう言えば今月は海の日がある月だっけ。

まずは海の日の由来についてから調べたほうがいいかな。その過程で法令についても手がかりが得られるかもしれないし。さてさてどの棚を案内するか。う〜ん。思いつかない。書架整理の成果、ここに表れず……。こんな時はOPACを使って蔵書検索をしてあたりをつけてみよう。

「あちらに、この図書館が持っている資料を調べることができるOPACという蔵書検索の機械がありますので、それを使って一緒に調べてみましょう。1冊見つかれば、だいたいその辺りに同じような内容の本が集まっていると思いますから」

二人でOPACのところへ移動する。

「ではキーワードの項目に何か言葉を入れて検索してみましょう。OPACは使ったことありますか?」

と聞くと、あるとのこと。さっそく検索を始める。まずはキーワードの項目に「海の日」と入力し、検索ボタンを押す。『海の日曜日』、『海の日本史』……。今回の質問には関係ない本がヒットしてきた。

なんとなく予想はしてたけどね。海の日が題材になっている本なんてそうあるもんじゃない。マニアックすぎる。もう少しテーマを広げて検索したほうがよさそうだと考えて、

「海の日は国民の祝日の一つですし、〈祝日〉と入れて検索してみたらどうでしょう？」

と声をかける。「祝日」をキーワードにして検索すると、何件か使えそうな本がヒットしてきた。その中でも[1]『「国民の祝日」の由来がわかる小事典』という本は、今回の質問にズバリ答えてくれそうである。

分類番号は［３８６］。民俗学の棚か。この辺りの棚に行けば、他にも関連本が見つかるかもしれない。

「『「国民の祝日」の由来がわかる小事典』は、期待が持てそうですね。棚をご案内します」

分類番号［３８６］の棚にはこの本の他に、[2]『祝祭日の研究』[3]『記念日・祝日の事典』などがあった。

彼女に内容を確認してもらったら、それで十分ということなので、由来についてはとりあえず解決！

「海の日」は一八七六年、明治天皇が東北を巡幸された際、明治丸で横浜に無事帰港された日（七月二十日）を記念して、もともと政府が一九四一年に「海の記念日」と制定していたのを国民の祝日として引き継いだものであるらしい。

「あとは海の日に関する法令ですね。今見つけた本の中に何か手がかりがあるかもしれません。調べてみましょう」

彼女は『祝祭日の研究』を調べ、私は『「国民の祝日」の由来がわかる小事典』を調べる。

すると彼女は「〈海の日〉の項目の〈問われる「島国」の生き方〉のページに〝「海の日」は平成七年に祝日法が改正されて制定された。翌八年から実施されている〟と書いてあります。祝日法という法令があるみたいです」

と法令を探す手がかりを早くも見つけたようだ。続いて私も手がかりを発見。

「この本のまえがきに〝「国民の祝日」は、昭和二十三（一九四八）年、それを初めて制定した「国民の祝日に関する法律」（以下略称「祝日法」）の第三条に……〟とあります。どうやらこの法令を見れば良さそうですね」

「そのようですね。この法令を見たいのですが……」

「でしたら、『六法全書』[4]をご覧になるといいと思います」

『六法全書』はかなり分厚い。しかも2冊セット。それだけ多くの法令が収録されているということだ。この本になら該当の法令が掲載されているはず。とりあえず2冊とも持ってお客様のもとへ急ぐ。しかし、重い。『六法全書』でなくても、もっと小型の六法でも掲載されていたりして。

「こちらが『六法全書』です。まずは索引でどのページに載っているかを調べます。法令の略称名からでも調べられますので〈祝日法〉で引いてみましょう」とお客様に『六法全書』を手渡す。

「あっ、ありました」

該当ページを開いてみると、「国民の祝日に関する法律」が見つかった。「海の日」に関しては、「七月の第三月曜日　海の恩恵に感謝するとともに、海洋国日本の繁栄を願う」とあった。お客様に笑顔が広がる。

「ありがとうございました。おかげさまで朝礼のスピーチの材料がだいたい揃いました。実は七月二十日に会社で朝礼のスピーチ当番になっているんです。今は七月二十日が海の日ではなくなっているけど、他に話すネタがなくって」

「そうなんですか。朝からみんなの前でスピーチをするなんて大変ですね〜。私なんてあがり症だから想像しただけで吐き気がしますよ……。もしまだお時間に余裕があるのでしたら、新聞記事なども調べてみると面白いのでは？　海の日がスタートした年の七月二十日前後の新聞を調べてみたら、何か新しいことがわかるかもしれないですよ」

「こうなったらとことん調べて帰ります。新聞も見せてもらえますか？」

「では新聞が置いてある場所をご案内します」

お客様を新聞コーナーへ案内する。

調査の流れ

質問
↓
OPAC
↓
祝祭日の本
↓
法令で裏付け
↓
新聞記事で確認
↓
回答

より信頼性の高い資料はどこに出ているか。

「あかね市立図書館では、過去の新聞はたいてい縮刷版で保存しています。〈海の日〉は平成八年（一九九六年）から実施されたと先ほど調べた本に書いてありましたので、平成八年七月の新聞をご覧になるといいと思います。何かわからないことがありましたら、遠慮なく声をおかけください」

とあとはお客様自身に調査を任せ、ここで案内を終了。私は配架&書架整理の仕事に戻っていった。

後日、「海の日」に関して新聞にはどんなことが掲載されているのか気になったので、自分でも調べてみることにした。初めての「海の日」だから、1面に記事が載っているのではないかと思っていたけれど、そんなことはなく、政府広報として1面の片隅に「七月二十日は国民の祝日〈海の日〉」と数行の説明が掲載されているだけだった。海の日に関する記事が全くないわけではないけど、扱いが意外に地味でびっくり。この日はせっかくの祝日が土曜日。しかもアトランタオリンピック開幕日。注目度が低いのも無理ないか……。新聞をせっかく案内したのに、あまり収穫がなくて、彼女に申し訳ないことをしたと心の中で謝罪しつつ、また次がんばろうと気持ちを新たにしたのでした。

●**主な参考資料**

1『「国民の祝日」の由来がわかる小事典』所功著 PHP研究所 2003年
2『祝祭日の研究「祝い」を忘れた日本人へ』産経新聞取材班編 角川書店 2001年
3『記念日・祝日の事典』東京堂出版 2006年
4『六法全書 平成18年版』有斐閣 2006年

格言

配置場所 わからなければ ＯＰＡＣへ

自分が探している分野の本がどの棚にあるかわからないときは、ＯＰＡＣを使って蔵書検索してみるのも一つの手です。思いつくキーワードで検索して、該当しそうな本が検索できたら、その本の分類番号を見てみましょう。他の同類の本も同じ場所にあることが多いです。いろいろな分野にまたがっている場合もあり、絶対の方法ではないのでご注意を！

昔の商品を調べる

昔、カレー粉がモナカの皮の中に入っていたというのだが、本当にそういう商品はあったのか？

石尾 里子

窓の外からいいにおいが流れてくる。隣の小学校だ。今日の給食はカレーかな、全くカレーの匂いをかぐとどうしてこんなにおなかが減るのだろう。お昼まであとどれくらいかな、と時計を見ると横道さんが電話を受ける声が聞こえてきた。ん？　カレー？　モナカ？　たちまち意識がそっちへ向く。

「では、カレー粉がモナカの皮に入っていた……そういう商品があったのか、というご質問ですね。調査をして、こちらから連絡いたしますので、ご連絡先を教えてください」

どうやら電話レファレンスのようだ。それにしてもカレー粉がモナカの中になんて聞いたことないけれど……。

電話を切った横道さんが質問のメモを見ながら調査の方針を考えているようだ。

「カレー味のモナカなの？」

「いえ、皮の中身はカレー粉で、あんこは入っていないそうです。お菓子じゃなくてカレーの材料ですね」

　さすが、横道さんは冷静だ。最初のレファレンス・インタビュー【注1】でできるだけ確認しておくと、後の調査が的はずれにならない。

「該当する資料がありそうなのは、分類番号［383］の食文化、［596］の料理、あとはインターネットですね。まず［383］の中でも事典からあたってみます」

　こういう調査は蔵書を検索するよりも、書架で資料にあたったほうが近道であることが多い。まもなくエプロンを翻して横道さんが戻ってきた。手にしているのは[1]『ゾクゾク「モノ」の歴史事典3たべるの巻』、いろいろな物の由来や歴史が載っていて調べ学習にも役立つシリーズだ。ページを開いて、

「ありましたよ。エスビー食品のモナカカレーです！」

「へー、こんな商品があったんだ。知らなかった」

「メーカーと商品名がわかったので、インターネットでも調べてみます」

横道さんが、〈Google〉で「モナカカレー」と入力すると、約400件もヒット。そんなに有名なものなのか不思議に思っていると、〈エキサイトニュース〉の記事でつい最近取り上げ、それに対しての書き込みで件数が増えているようだ。「これが幻のモナカカレーだ」と題したその記事は、写真つきでかなり詳しい内容。昭和三十四年に発売され好評だったことや価格が35円だったこと、製造が困難で発売を中止したことなども書かれており、そのページからエスビー食品のオフィシャルサイトへリンクも張られている。

インターネットは確かに便利なもので、ちょっとした手がかりからたくさんのしかも新しい情報が得られる。だけど、その情報がすべて正しいとは限らない。また、常に変化しているため、今日見られた情報が明日になればなくなってしまうこともある。そこで、図書館で調査するときには、できるだけ信頼のおけるサイト【注2】を探し、更に本や雑誌の情報も確認するようにしているのだ。

さて、横道さんは再度書架に戻り、カレー関係の資料をめくりながら「モナカカレー」を探している。名称や年代が特定されてしまえば探しやすく、事典よりも深い知識が得られる場合があるからだ。また、他にも同じような商品がなかったのか確認することもできる。

横道さんがみつけたのは、『日本人はカレーライスがなぜ好きなのか』[2]と『カレーライスの誕生』[3]の2冊。『日本人はカレーライスがなぜ好きなのか』には、モナカカレーの写真や当時のテレビCM

のコピーが出ている。

「とり出しましたるエスビーモナカカレー、ポンと割ってさっと溶かす。できあがり。これはおいしいとおほめの言葉。エスビーモナカカレーだよ、お立ちあい！」。演じていたのは若き日の立川談志だったそうだ。モナカの皮でとろみをつけるという発想はユニークで、類似商品はみつからなかった。

ここで調査終了。


資料を準備して横道さんは回答の電話をかけに行った。図書館の調査はただ結果を告げるのではなく、「どの資料のどこにこんな記述があった」と根拠を示すことが大切。私たちの役目は、あくまでも人と資料（インターネット情報も含めて）の仲立ちをすることなのだ。

電話を終え、晴れ晴れともどってきた横道さんに声をかける。

「どうだった？」

調査の流れ

質問
↓
モノの歴史の本(事典)
↓
インターネットで確認
↓
カレー関係の本
↓
回答

インターネット情報の有効活用がポイント。

「喜んでくれて、早速インターネットでエスビー食品のサイトを見てみるそうです。そのうち、本も見にこられるそうですよ」

「お疲れさま、ちょうどお昼だし、マンプク亭にカレーを食べに行かない？」

「…………」

【注1】 レファレンスを受ける際、司書は質問したお客様が本当に求めているものを知り、調査に反映させるために、あれこれお尋ねすることがある。それをレファレンスインタビューという。正確に早く求める情報へたどりつくためには不可欠なため、わずらわしく思わずにご協力を。

【注2】 個人で作っているサイトでもよくできているものももちろんあるが、調査の根拠として示すには、公的機関など確実性の高い情報を発信しているサイトから情報を得るのが望ましい。今回の場合は商品を製造・販売していたエスビー食品のオフィシャルサイトが信頼できると言える。

●主な参考資料

1『ゾクゾク「モノ」の歴史事典3 たべるの巻』ゆまに書房 2000年
2『日本人はカレーライスがなぜ好きなのか』井上宏生著 平凡社（平凡社新書）2000年
3『カレーライスの誕生』小菅桂子著 講談社 2002年

格言

はじめよければ全てよし

最初のレファレンスインタビューで全てが決まるといっても過言ではありません。質問者の求めを司書がいかにして聞き出すか、お互いのコミュニケーションが回答につながります。今回も、横道さんが「カレー味のモナカ」のほうを調べてしまったら迷路に入るところでした。

ビジュアル的なものを調べる

「おふだ」について調べている。図版の多い資料がほしい

田中 弥生

ここの書架はいつも乱れているなぁ。占星術とかブームだからかな？　テレビ番組もたくさんあるし。そういう私もここの棚を一番よく見るんだけど。まあ、書架整理のやり甲斐があるということで……。私がやっと整理を終えたときに、男性に声をかけられた。

「すみません、おふだの図版がたくさん載っている本を探しているんですが、どの辺にありますか？」

「おふだ……の図版ですか？　おふだって、白い紙に包まれて木でできている？」

「そっちのおふだじゃなくて、紙にカラスが文字みたいに書いてあって、こんな感じで。あー、うまく書けないですねぇ」

「少しここでお待ちいただけますか？　絵の上手な館員を呼んできますから……」

お客様にうかがいながら、イラストの得意な佐竹さんにおふだの絵を描いてもらった。その絵を手がかりに神社関係の棚で図版を探していた私に、館内を回っていた横道さんが声をかけてくれた。助

かった。おふだの絵を見せると、

「ああ、見たことありますよ。昔、祖母の家の柱に貼ってありました。厄除けみたいですよ。正式な名前があったと思うんですが……。社寺で発行しているものだから、神社関係の事典、もしくは民間信仰とかにも関係があるみたいなので、民俗関係の事典にでているんじゃないでしょうか。田中さん、事典のほう調べてみてもらえますか？〈おふだ〉だと漠然としていて探すのは難しいと思うので、最初に百科事典で概要を掴んでおくと後の調査がやりやすいと思いますよ。正式な名前がわかったら、図版も探せるんじゃないかと思います。僕は、面白そうだから、このカラスの方から調べてみます」

お急ぎではないということなので、調査に少し時間をいただいて私と横道さんとで手分けして調べることにした。調査といっても私にできるのは、横道さんのアシスタントくらいだけど。


早速、参考図書コーナーに行き、『世界大百科事典』[1]を〈おふだ〉で引いてみた。この百科事典は項目が多いから、たいていのことが調べられると石尾さんが言っていたっけ。

おふだは、社寺で出す守札で護符の一種。火防、厄除けの御札などは門口に貼られることもある。中世に熊野をはじめ各社寺で出した牛王《ごおう》（玉）宝印《ほういん》【注1】の御札は、起請文《きしょうもん》の料紙として広く用いられたとある。〈牛玉宝印〉？　これが横道さんの言っていた正式名称なのかな。それとも護符？　専門辞典を引くともう少し詳しいことがわかるかもしれない。

そこで次ぎに、神社関係の事典の『神道辞典』[2]を手に取った。とりあえず〈牛玉宝印〉で引いてみると、〈くまのごおう〉を見るように参照があり、そちらには、佐竹さんが書いてくれたようなカラスの絵の図版が1枚載っていた。これだ！

この護符は熊野三社から出しているので熊野牛玉宝印というらしい。牛玉宝印は熊野に限らず、他の諸社寺からも出されたとこの辞典にも書いてある。だから図版はたくさん存在するのね。お客様はいろいろな社寺から出されたおふだの図版をお探しなんだ。それから、護符の裏面に起請文を書くことが平安末期から近世にいたるまで習慣となっていたとある。またしても起請文。後で横道さんに聞いてみよう。

神道事典で1枚見つかったので、他の事典も見てみるが、図版が載っているものはなかった。神社関係の事典類は諦めて、民俗関係へ移動。そこで『日本民俗宗教辞典』[3]を見つける。書名に民俗と宗教、よさそう。早速〈牛玉宝印〉で引いてみると、熊野以外に榛名神社の図版が載っていた。とりあえず横道さんに報告しよう。

「探しているおふだの名前は〈牛玉宝印〉みたいです」

横道さんに『日本民俗宗教辞典』の図版を見せると、

「僕もいま、民間信仰関係の棚で面白い本見つけたんですよ。『お守り動物園』[4]という本。いろんな動物の俗信や伝承などが載っているのですが、烏《からす》の章に熊野三社の牛玉宝印が載っています。熊野三社の牛玉宝印は、烏を使っているところから、〈烏天宝珠《うてんほうじゅ》〉とも呼ばれるとか、起請文を書くときに使用されたとあります」

「私が調べた『世界大百科事典』と『神道事典』にも起請文を書くのに使用したと書いてあったんです。起請文って昔の誓約書みたいなものですか？」

「そうです。『お守り動物園』の記述によれば、ただの誓約書とは違い神に誓うことを意味し、そのため戦国時代の武将たちは熊野の牛玉宝印に起請文を書いて主従関係を結んでいるとありましたよ。田中さんが持ってきた『日本民俗宗教辞典』にも同じように起請文の料紙としても用いられたとありますね。牛玉宝印と起請文は切っても切れない関係みたいですね。それに田中さん、この辞典には解説の後に参考文献が付いているでしょう。参考文献は、詳細を調べる手がかりになるんですよ。ここ

調査の流れ

質問
↓
百科事典
↓
宗教・民俗・動物
↓
熊野
↓
歴史
↓
回答

どうやって手がかりを見つけて、求められている図版に結びつけるか。

に載っている『牛玉宝印　祈りと誓いの呪符』[5]がうちにあると良いですねぇ。とりあえず、ＯＰＡＣで蔵書検索してみましょう」

牛玉宝印をキーワードに検索してみたが、残念ながら『牛玉宝印　祈りと誓いの呪符』は所蔵しておらず、ほかの牛玉宝印本もヒットしなかった。

「おふだ数枚はすぐに見つかったけど、〈たくさん〉というのは結構難しいですね」

「次は何を調べるのがいいですか？　横道さん」

「そうですね。牛玉宝印は熊野三社が有名なようですから、熊野関係を調べてみましょう。それから起請文から探すという手もありそうです」

「じゃあ私、熊野三社関係の本を見てみます。さっき見た参考図書コーナーのところに、たしか熊野三社の事典があったので」

「じゃあ、僕は起請文の方から探してみます」

もう一度参考図書のコーナーへ戻り、『熊野三山信仰事典』[6]を見ると、〈熊野牛玉宝印〉という項に、図様の解釈や牛玉宝印の変遷などが数枚の図版とともに詳しくでていた。この事典も紹介してみよう。そして、変遷前の図版の出典の全てが『日本民俗宗教辞典』の参考文献にあった『牛玉宝印　祈りと誓いの呪符』となっている。それにしても、『牛玉宝印　祈りと誓いの呪符』を所蔵していないのは残念だなぁ。

「田中さん、見つかりましたよ。たくさん」。そう言って横道さんがやってきた。

「最初は日本史辞典で起請文を調べてみようと思ったんですが、牛玉宝印が起請文と関係が深いなら、直接牛玉宝印で引いても載っているかもしれないと思ったんです。それなら、図版の多い『國史大辞典』[7]がいいと引いてみたら、118点が別刷になって載っていました。『國史大辞典』は、国史関係ならかなり幅広く扱っているからとっても便利なんです。もちろん参考文献もありますよ。起請文も気になったので、ついでに引いてみたら、徳川家康が牛玉宝印に書いた起請文が載っていました。ほかにも複数の牛玉宝印にかかれた起請文が載っていましたよ。お客様がお求めの〈おふだ〉とは厳密には異なるかもしれませんが、起請文として探してもみても面白そうです」

「『國史大辞典』って使い勝手の良い辞典なんですね。覚えておきます」

この後、横道さんと一緒に『牛玉宝印　祈りと誓いの呪符』の他図書館の所蔵をインターネットで調べてみた。国立国会図書館と町田市立図書館で所蔵していて、その目録データによると『牛玉宝印　祈りと誓いの呪符』は図録らしい。かなりの点数の図版が期待できる。是非紹介したいと横道さんに話をしたら、国会図書館から本を取り寄せることもできるし[注2]、町田市立図書館を紹介することもできると言われた。辞典の参考文献にもなっているくらいだから、お客様にもきっと役立つと思う。

更に調査の必要があるかどうかをお客様に確認すると、『國史大辞典』の図版を複写していくので、これで調査を終了して構わないということだった。そして、『牛玉宝印　祈りと誓いの呪符』を国会図書館から取り寄せる手続きをして帰られた。

「田中さん、今回の調査はいろんなアプローチができるものでしたね。おふだ→牛玉宝印のルートもあるし、カラス→熊野三社→牛玉宝印のルート。他にも起請文から調べることもできるみたいだし」

「そうですね。今回調べてみて思ったんですけど、宗教、民俗、歴史、みんな繋がっているんですね。いろんな方面から探す必要があるんですね。それに、基本になる資料は、いろんな本や辞典の参考になっているんですね。とっても面白かったです」

後日、お昼休みにこのレファレンスの話をしていたら、サッカー命の川波係長が言った。

「何で、最初に私に聞いてくれないんですか。そのおふだの図様の元になった〈ヤタガラス〉をみなさんご存知でしょう？　サッカー日本代表のユニホームのワッペンの図柄にもなっているんですから。熊野三社だけではなく、日本代表チームの守り神でもあるんですよ。図書館員は、ちゃんと時事を押さえておかないといけません」

【注1】　牛玉宝印は牛王宝印とも表記されますが、この事例の中では〈牛玉宝印〉に統一しました。
【注2】　国立国会図書館では、図書館間のサービスとして、図書の貸出を行っています。ただし個人にではなく図書館へ貸し出すものなので、自宅へ持ち帰ることはできません。

●主な参考資料

1『世界大百科事典 改訂版4』平凡社 2005年
2『神道辞典』堀書店 1978年
3『日本民俗宗教辞典』東京堂出版 1998年
4『お守り動物園』INAX出版 1996年
5『牛玉宝印 祈りと誓いの呪符』町田市立博物館 1991年
6『熊野三山信仰事典』戎光祥出版 1998年
7『國史大辞典 第5巻』吉川弘文館 1985年……別刷図版

格言

三点指示

レファレンス（調査）の対応は、最低三方向を想定します。三方向は資料三点と主題三分野の両方を含みます。一つの事柄を調べるとき、最低三点の関連書をみれば、まず偏りのない情報が得られます。複数の分野にまたがる事柄の場合は、三～五の分野を想定して探索すれば、ほぼ取りこぼしなく情報が得られます。

今風の言葉を調べる

「ごくろうさま」と「おつかれさま」の使い分けは？

本宮 美里

日曜日の昼下がり。図書館にはたくさんのお客様が訪れ、平日にはない賑わいを見せる。カウンターも大忙しだ。今日なんて返却本が多すぎて配架が追いつかない。しかし、やる気をなくすどころかむしろこういう状況に私は燃える。配架がスポーツに変わる瞬間だ。いかに早く正確に本を棚に戻せるか（しかもお客様の邪魔にならないように）、相手がいないのに真剣勝負をしている気分になる。返却本をたくさん積んだブックトラック【注1】を押して、今日もいざ出陣！　と思ってカウンターから出ようとしたら、困っている様子のお客様を発見。声をかけてみようかどうしようか迷ったけれど、思いきって話しかけてみた。

「何かお困りですか？」

「あ、はい。実は……」

とその若い男性は話しはじめた。

話を聞いてみると、その男性は「ごくろうさま」と「おつかれさま」の使い分けについて知りたいらしい。

調べもののお手伝いをするレファレンスカウンターがすぐそこにあるから、そっちに案内しよう。私ではうまく探せそうにないし。と思ってレファレンスカウンターにその男性を連れて行くも、残念ながら先客あり。しかも後ろに一人並んでいる。あわわわ、どうしよう……。

その時、事務室から川波係長がカウンターに出てきた。

「すっ、すみません、川波係長！　調べものでお困りのお客様がいるのですが、どどどうしましょう？」

明らかに動揺している私。

「何をそんなにあわてているんだい？　調べものだったらレファレンスカウンターを案内すればいいじゃないか」

「それが今レファレンスカウンターはかなり忙しそうで……」

「じゃあ、本宮さんがそのお客様を手伝ってあげなよ」

「そんなの無理ですよぉ。私は働き始めて間もないですし」

「僕がアドバイスしてあげるから、がんばってやってみな。で、調べものの内容は？」

かくかくしかじかと、調べものの内容を川波係長に説明した。

「ふ〜ん、〈ごくろうさま〉と〈おつかれさま〉の使い分けについて知りたいんだね。日本語に関することなら大型の辞典『日本国語大辞典』[1]を調べてみるといい。それから、ことばの意味や用例について調べるときには、『広辞苑』[2]など国語辞典類を使って調べてみる。あとは、分類番号［81］の日本語関係の棚をブラウジング【注2】して探してみれば？」

「おお～なるほど。なんだかできそうな気になってきました。ありがとうございます」

とアドバイスをもらって、お客様とともに辞書・事典類の棚へ。

手始めに『日本国語大辞典』を調べてみる。この辞典によると、

【御苦労】：①ある人を敬って、その苦労をいう語。②他人の骨折りを感謝することば。たいぎ。③骨折りが無駄に見えることを多少の嘲笑を含めていうことば。

【御苦労様】：他人の骨折りを感謝するていねいなことば。

【御疲】：疲れたと思われる人を敬い、気遣って言うあいさつの言葉。

【御疲様】：「おつかれ（御疲）」の丁寧な言い方。

とあった。意味はわかったけど使い分けはよくわからない……。

『広辞苑』も見てみたが、使い分けまでは書かれていない。

『類義語使い分け辞典』[3]を見てみる。「ご苦労様」・「お疲れ様」・「お世話様」が同じ項目にあって比

較しやすくなっていた。

【ご苦労様】：他人の骨折りをねぎらう挨拶言葉。主に目上から目下へ使う。

【お疲れ様】：「ご苦労様」と同義だが、互いに、または目下から目上へ使う。

　この辞典では、かなり明確に両者を使い分けているようだ。

　さらに、『状況分類別敬語用法辞典』[4]が目に付いた。今回の問題は敬語の使い方に関することだから、この辞典には期待できそうだ。

【ご苦労様】：上位者が下位者に対して言う挨拶で、下位者が上位者に対して使うべきでありません。（中略）このことはしばしば混乱していて、下の者が上の人に「御苦労様」という例がない訳ではありません。

【お疲れ様】：通常、上位者が下位者の労苦をねぎらう言葉で、その逆は失礼です。

　この辞典によると、「お疲れ様」に関しては、芸能界や放送界でよく使われていて、下位者が上位

調査の流れ

質問
↓
国語辞典
↓
敬語の本
↓
回答

ひとつだけではなく、複数の辞典類をかたっぱしから見ていく。

者に対しても使っているらしい。もともとは業界用語だったのかもしれない。

なんだか、だんだんわかってきた気がするぞ。

とりあえず、辞典類はこのくらいにして、今度は日本語に関する棚を探してみる。日本語の中でも敬語について書かれている本を中心に見ていくことにした。

『敬語の用法』[5]には、

【御苦労様】：もともと上位の者が下位の者をねぎらって用いることばであり、今日でも、対等もしくはそれ以下の相手に対して用いることが望ましい。なお、対等以上の相手には、「おつかれさま」を用いることができる。

と書いてある。他のも見てみると、
『新「ことば」シリーズ4 言葉に関する問答集 敬語編（2）』[6]
という本の問いの中に、〝目上の人に〈御苦労様〉や〈お疲れ様〉と言ってはいけないと聞きました。職場の上司など目上の方の御苦労に対して声を掛けたくなるときもあるのですが、どう考えればいいのでしょうか〟というのがあった。この問いの回答では、NHK放送文化研究所の意識調査（昭和62年）の結果を取り上げ、「御苦労様」「お疲れ様」について「目上に言ってはいけない」と考える人が、現代では少数派であることを紹介している。判断のための考え方が示されていてわかりやすい。
いろいろな辞典や本を調べてみたけど、人によって考えがまちまちのようだ。お客様には、各種国語辞典や敬語関係の本を見てもらい、判断はお任せすることにした。

というわけで、川波係長に調査プロセス&結果を報告。

「お客様の表情から察するに、ほぼ満足されていたようでした。アドバイスありがとうございました」

と私がお礼を言うと、

「そりゃよかった。またがんばれよ~。ごくろうさま!」

と川波係長からねぎらいの言葉をかけていただいたのでした。


回答後の補足。文化庁実施の平成十七年度「国語に関する世論調査」では敬語に関する意識を中心に調査している。この中に「仕事が終わったらどのような言葉を掛けるか」との問いがあり、目下から目上、目上から目下ともに「お疲れ様」が一番多いという結果が出ている。

【注1】 本を乗せるための台車のこと。配架の時によく使う。
【注2】 並んでいる本をながめながら、拾い読みしつつ、書架を探すことをブラウジングといいます。

●主な参考資料

1『日本国語大辞典 第2版』小学館 2001年

2『広辞苑 第5版』岩波書店 1998年
3『類義語使い分け辞典』研究社出版 1998年
4『状況分類別敬語用法辞典』東京堂出版 1999年
5『角川小辞典6 敬語の用法』角川書店 1991年
6『新「ことば」シリーズ4 言葉に関する問答集 敬語編2』文化庁 1996年

格言

情報は足で稼ぐ

インターネットやOPACを使って、ああでもないこうでもないと検索しているよりも、直接書架に行き、いろんな資料を手にとって調べるほうが、スムーズに調べられるケースもあります。機械は便利だけど、頼りすぎてはいけません。

規格の由来を調べる

トイレットペーパーの幅はどうやって決められたのか？

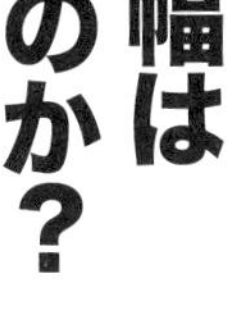

横道 独歩

八月の終わり頃、若い男の子が質問に来た。二学期が始まる直前で夏休みの宿題をするために図書館に来た高校生かなと思ったが、大学生のようだった。

「今月の前半に海外旅行に行ってきたのですが、外国ではトイレットペーパーの大きさが日本と違っているようです。日本のトイレットペーパーの幅はどのようにして決められたのでしょうか？」

私も何年か前に海外旅行をして、その違いに最初は不思議に思ったことがある。いつもお世話になっている物だし、面白い質問だなと思った。

「調査が終わったら声をかけますから」と言って近くのソファーで待ってもらい、調査開始。

まず、レファレンスカウンターのＯＰＡＣで蔵書検索し、目ぼしい資料をピックアップした上で書架に向かうことにした。

日本の規格といえば、まず工業製品の国家規格であるＪＩＳ規格が挙げられる。ＯＰＡＣで「ＪＩＳ」

を検索したところ、当館で所蔵しているＪＩＳ規格関連資料がヒットした。参考図書コーナーの分類番号［５０９］（工業、工業経済）にあるようだ。

次に「トイレットペーパー」「トイレ」で蔵書検索した。ヒットした中で役に立ちそうな本の詳細画面を開き、分類番号をメモした。一般書の［３８３］（衣食住の習俗）と、［５８５］（紙・パルプ）にあるようだ。

蔵書から調べるにはとりあえず以上で十分かなと思いＯＰＡＣの蔵書検索を終了し、書架に向かった。

まずは参考図書コーナーに足を運んだ。

先ほどＯＰＡＣの蔵書検索をしてヒットした「ＪＩＳ」関連の資料にあたった。その中で『ＪＩＳハンドブック 紙・パルプ』[1]の「トイレットペーパー」の項に、「日本で生産するため最初に導入された加工機の寸法が４インチと１／２であったためこの紙幅が定着し、現在も最も普及している寸法である」とある。

近くに工業関連の事典やハンドブック類が並んでおり、ついでに手に取ってみることにした。『オールペーパーガイド 紙の商品事典』[2]にはＪＩＳ規格の表が載っていて、幅１１４ミリ±２とある。『工[3]

業大事典』では12巻の「ちりがみ」の項に、「トイレットペーパーの標準の寸法はとりあえず幅114ミリと一定で長さが変わる」とある。

　少し書架を移動し、百科事典にもあたってみることにした。百科事典はあらゆる知識・情報をまとめたものなので、どんな事柄でも一度あたってみて損はない。当館でも『世界大百科事典』『ブリタニカ国際大百科事典』などを所蔵している。その中で[4]『日本大百科全書』16巻「トイレットペーパー」の項には、「規格では径三八ミリの芯の上に114ミリ幅で径120ミリ以下の太さに巻きとられて商品となる」とあった。

　これらの参考図書を調べた結果、標準の寸法は114ミリであるとわかった。

けれども、ここで疑問が浮かんだ。「『JISハンドブック 紙・パルプ』の本に記されていた日本で最初に導入された加工機の寸法は、どのように決められたのか」ということである。
その疑問を念頭におきながら、一般書の分類番号「383」「585」の並んでいる棚に足を向けた。

調査の流れ

質問
↓
規格
↓
紙
トイレ
トイレットペーパー
↓
回答

最初にきちんと蔵書検索をしておくのがポイント。

『トイレットペーパーの文化誌』[5]には、「戦後に進駐軍が見本をもってきて作るように命じられたのがその始まりらしい」とあった。『トイレットペーパーの話』[6]によると、昭和二十四年に新橋製紙がトイレットペーパーの生産を日本で初めて開始し、駐日アメリカ軍に納入したときの寸法がそのまま定着して日本の標準になったようだ。

児童コーナーに行き、次の1冊を手に取った。『世界が見えてくる身近のもののはじまり2 トイレットペーパー』[7]。この本には、「日本でいつからトイレットロールが作られるようになったということが記録的にはっきりしているのは大正13（1924）年3月で、神戸市の島村商会の注文で土佐紙会社（現日本板紙株式会社）芸防工場で製造がはじまった。外国航路の汽船につみこまれた。一巻の長さは七十六m、幅は十三・三㎝。現在の十一・四㎝よりひろい」と書かれている。

この3冊から見ると、日本で初めてトイレットペーパーを製造した加工機の寸法の基準になったのは、「戦後進駐軍が持ってきた見本による」説と「大正時代に製造が開始された」説の二つの説があるとわかった。前者は上記114ミリで、後者は133ミリである。どちらが基準になっているのかと考えたが、確証となる記述はどの本にも記されていなかった。レファレンスカウンターに戻り、インターネットも検索してみたが、トイレットペーパーに関するサイトは多いものの幅について言及しているページは見つからなかった。

とりあえず以上の内容がわかったので、近くのソファーに座っていた先ほどの大学生に調査結果を伝えた。

ある程度納得した様子で「ありがとうございました」とお礼を言われた。

私見としては、大正時代に製造されたものは、ほとんどが外国航路の客船用ではないだろうか。本格的に製造されたのはやはり戦後の進駐軍からの依頼がきっかけで、その影響から日本に定着しJIS規格で標準化されたと思われる。

●主な参考資料

1『JISハンドブック 紙・パルプ』日本規格協会 1999年
2『オールペーパーガイド 紙の商品事典 下 生活篇』紙業タイムス社 1983年
3『工業大事典 第12巻』平凡社 1961年
4『日本大百科全書 16巻』小学館 1994年
5『トイレットペーパーの文化誌』西岡秀雄著 論創社 1988年
6『トイレットペーパーの話』神谷すみ子著 静岡新聞社 1995年
7『世界が見えてくる身近なもののはじまり2 トイレットペーパー』PHP研究所 2000年

格言

ルールに歴史あり

法律や規格などの決まりごとには、それが成立した歴史や経緯があります。

児童書の底力

柿渋のとりかたを知りたい

石尾 里子

季節は秋。図書館へ通勤する途中で見かける家の庭に柿の木がある。冬に向かって色彩が乏しくなる風景の中で、柿の実の朱色はポッとあたたかく、目を楽しませてくれる。時折、鳥がついばんでいるのも見える。それにしても……もったいないなあ、もいで食べないのかな？　渋柿なのかしら？　などと大きなお世話なことを考えるうちに図書館に到着。

朝一番、カウンターの電話がなった。「柿渋のとりかたが出ている本はありますか？　悪いけど後で寄るから取っておいてくださいな」。ずいぶん急いでいる様子で、詳しく聞き返す間もなく電話は切れてしまった。「カキシブ」といえば柿の渋だよね、なんと、今日は柿に縁があること。

どんな資料が希望なのか、もう少し絞り込みたかったが仕方ない。「柿渋」「柿」「採り方」を手がかりに調査開始。まずは、「柿渋」をキーワードにOPACで蔵書を検索してみる。すると、タイトルもそのまま『柿渋』[1]という本がみつかった。「ものと人間の文化史」という調べものによく使うシリーズの中の1冊だ。内容を確認すると、柿渋の生産と利用の歴史や柿渋作りの伝統的技術など、柿渋研究には申し分のない内容。ただし、実際に自分で柿渋を採る方法はわかりにくいため、補う資料を探すことにする。

柿渋はジャンルでいうと天然塗料なので分類番号は［576］だ。柿は果物で［625］。どちらの書架を探してもなかなかみつからない。すると通りかかった木崎さんが「柿ならいい本がありますよ」と児童書の『カキの絵本』[2]を持ってきてくれた。柿の歴史から栽培、活用がカラフルにわかりやすく書かれていて、簡単な柿渋の採り方と使い方も出ている。児童書はあなどれない。

そこへ電話のお客様がご来館。

「庭に大きな柿の木があるのよ。渋柿だからこれまで放っておいたけど、今年はあんまりたくさん実がなったから食べてみようと思って」

「食べる……？　あの、柿渋……紙なんかに塗る柿渋を採るのではなくて、渋抜きですか？」

「そうそう、渋抜き。干し柿とか、あんぽ柿とかいろいろあるじゃない？」

しまった。「柿渋のとりかた」といっても柿渋の採取法ではなく、渋を取り除く方法が必要だったのか。

勘違いを詫びながら、『カキの絵本』を改めて見てみると、あるではないか。「簡単しぶぬき」や「干しガキの作り方」もちゃんと出ている。児童書は本当にあなどれない。

『カキの絵本』を見ていただいている間に再び一般書へ。今度は分類番号［596］（料理）の書架を探してみると、『健康食 柿』[3]という本が見つかった。『カキの絵本』の大人版（カラフルではないけれど）といった内容で「渋の抜き方」も「湯抜き」「焼酎抜き」「ドライアイス抜き」……と具体的でわかりやすい。これは良さそうだ。

更に、インターネットでも調べてみることにする。〈Google〉で「柿　渋抜き」を検索すると多数ヒット。自分がやっている方法をネット上で紹介しているサイトが目立つ。料理のレシピや家庭の知恵、保存食の作り方など実用的なものを調べる場合は、個人の発信した情報でも役立つことが多いが、図書館が紹介するからにはできるだけ信頼できるサイトにしたい。高知県が運営する総合的な農業情報サイトである〈こうち農業ネット〉の「農村生活」のページの「手軽にできる農産加工」のところに柿の渋抜き（アルコール法・湯抜き法）があり、すっきりとわかりやすい。

「これで十分だわ。帰ったら早速やってみよう。ありがとう」

回り道をしたけれど、とりあえず解決してよかった。

「柿渋」を『広辞苑 第5版』で引くと、「渋柿の実から採取した液。木や麻・紙などに塗って防水・防腐用とする」とある。言葉の意味では採取法の調査が正しいけれど、質問者が求めているものは別にあった。最初にきちんとレファレンスインタビューが出来れば一番いいけれど、曖昧だったり、迷う質問の場合は決め付けてしまわずに、どの方向へも展開できる準備ができるといい。そこから質問者自身も考えていなかった発展があるかもしれない。

図書館をきっかけに、思考や可能性が広がっていったらすてきなことだなあと思う。

調査の流れ

質問
↓
柿渋の本
（天然塗料）
↓
児童書
↓
（勘違い）
↓
児童書
↓
柿の渋抜きの本
（料理）
↓
回答

最初にきちんとレファレンスインタビューをしておくと、後の調査が楽。

●主な参考資料
1『柿渋（ものと人間の文化史115）』今井敬潤著 法政大学出版局 2003年
2『カキの絵本（そだててあそぼう30）』まつむらひろゆき編 きくちひでお絵 農山漁村文化協会 2001年
3『健康食 柿（手づくり日本食シリーズ）』傍島善次編著 農山漁村文化協会 1986年
4『広辞苑 第5版』岩波書店 1998年

格言

子は親の鏡

一般書でみつからなくても児童書で解決することがたくさんあります。日頃から児童書の書架にも目を配り、使えそうな資料は心に留めておきましょう。

どの記述が正しいのか

西暦一八七二年十二月三十一日を日本の旧暦に換算すると？

川波 太郎

今日は職員全員が出勤して作業する館内整理日である。あかね市立図書館はローテーション勤務なので全員が顔を合わせる機会はほとんどない。その意味でも貴重な一日だといえるだろう。今日はこの貴重な機会を利用して、書架整理の合間にレファレンスの実地研修を試みるつもりである。今回は図書館勤務5年目の横道さんにチャレンジしてもらうことにしよう。

出題内容は自分が過去に受けた実例をアレンジしたもので、司書としての基礎知識の確認が今回の出題の狙いである。横道さんなら当然正解に到達するだろうが、ちょっと意地悪な出題なので、意外に苦戦するかもしれない。（なぜか苦戦してくれることを期待している私？）

「では横道さん、この調査をお願いします。〈西暦一八七二年十二月三十一日を日本の旧暦に換算すると、元号で何年何月何日の何曜日になりますか？〉以上！」

「曜日まで調べるんですね……。ヒントはいただけないんですか？」

「ない！　じゃないと、研修の意味がないでしょうが……。あと、その日の六曜が何であったかも調べて下さい。では、よろしく」

「六曜って、大安とか仏滅とか、カレンダーに書いてあるアレですよね……うーん、結構難しいかも」

ということで、横道さんは棚の掃除をしつつ調査研修に取組むことになったのだった。

実は整理日は開館日以上に忙しい。コンピュータのメンテナンスはあるし、あふれた書架の本の入れ替えやら棚の清掃やら、仕事はテンコ盛りという感じである。

1カ月分の新聞の日付を揃え、たばねて書庫にしまう。カウンター周辺では田中さんがカレンダーを差し替えている。児童コーナーでは木崎さんと佐竹さんが特設展示の絵本のレイアウトを季節に合わせて入れ替えている。

30分くらいして横道さんがやってきた。

「どうでしたか、研修は」

「けっこうややこしいですねー。まず、暦ということで、天文周辺の資料を調べに行きました。『暦日大鑑』[1]は西暦と元号のほか六曜まで対照表になっていたので、これでばっちりだと思ったんで

すけど……。残念ながら、西暦一八七三年一月一日以後の暦しか掲載されていませんでした。しかし、これで西暦一八七三年一月一日は明治六年一月一日であることが分かりましたので、その前日である西暦一八七二年十二月三十一日は明治五年にあたると推測できるのですが……。明治五年と明治六年の間に太陽暦への改暦があったようで、暦が複雑になっていました。『日本暦西暦月日対照表』[2]や『江戸幕末・和洋暦換算事典』[3]で一八七二年十二月三十一日が明治五年十二月二日（火）にあたることが確認できましたが、六曜までの一覧は載っていませんでした」

「大体正解というところかな。まず、探す分野は天文・暦関係で間違いなかったと思います。今回の研修のポイントは明治の改暦を確認してもらうことだったんだ。横道さんが調べたとおり、明治五年の途中で改暦があって、明治五年十二月二日（火）までは旧暦（太陰太陽暦）だけど、その翌日（明治五年十二月三日になるはずだった日）から新暦（太陽暦）に変更され、明治六年一月一日になってしまったという点だね。

調査の流れ

質問
↓
基礎的知識の把握
↓
暦関係の本
↓
歴史的事情の把握
↓
回答

基礎的な知識で土台を作ってからの調査

この辺の事情については『暦の百科事典』[4]におもしろいエピソードが書かれているよ。

改暦作業は政府の官吏たちにも知らされないまま急いで進められ、実施のわずか23日前に電撃的に発表されたらしい。地方への連絡はまだ飛脚が行っていた時代の話だから、改暦の連絡が日本全国に行き届くには随分時間もかかったらしいよ。さぞかし混乱したことだろうね。

なぜそんなに作業を急いだかについて、『暦の百科事典』では、財務担当だった大隈重信の『大隈伯昔日譚』での告白を紹介している。新政府は官吏の給料を明治四年に年俸制（年何石とか）から月給制に改正したばかりだったが、明治六年は閏月《うるうづき》の関係で1年が13カ月ある年になるはずだった。そうすると、1カ月分多く給料を払わなくてはならないが、新政府は財政難でその余裕がなく、この際、太陽暦に変えてしまえ、ということで急に改暦を断行することになったということだよ。しかも明治五年十二月途中での改暦だったのに、十二月の2日分の給料は切り捨てされたらしい」

「すごい事情ですね。財政難が改暦のきっかけになったとは……」

「これは余談だったけど、明治五年以前は太陰太陽暦で、明治六年以後は太陽暦で表示されるわけだから、明治五年以前の日付を調べる場合には注意が必要だと分かっただろう。〈元号何年（西暦何年）〉とか書いてある資料も多いけど、年号と西暦との換算については疑わしいケースも多いようだよ。暦の対照表は市町村の図書館でも備えておきたい基礎的な資料だといえるだろうね。

それから、六曜については、巡る順番を知っていれば自分であてはめることができる。さきほどの『暦日大鑑』や『暦の百科事典』には六曜の配当法が載っているよ。六曜は先勝・友引・先負・仏滅・

大安・赤口の順番で巡っていく。各月の始まりも決まっていて、一月なら先勝から、二月は友引、三月は先負、四月は仏滅、五月は大安、六月は赤口で、七月はまた先勝から始まる【注1】。

十二月は赤口から始まるわけだから、十二月二日は先勝ということになるね。それから、自分で六曜を計算するときは必ず旧暦で数えなければならないよ。初日の換算を間違えると全く違ってしまうから注意が必要だね」

「そうすると、市販のカレンダーでも、並べて比べれば誤りがあるかもしれないですね」

「そうかもしれないね。でも元々何の根拠もないわけだから、冠婚葬祭の業者さんでもない限り、間違えたところで生活上たいした問題はないと思うけどね」


【注1】旧暦には30日の月と29日の月がありますが、六曜は月末でリセットされますので、最終日の六曜に関係なく、翌月はまた配当表の順番に戻ります。

●主な参考資料

1『暦日大鑑』西沢宥綜編著 新人物往来社 1994年
2『日本暦西暦月日対照表』野島寿三郎編 日外アソシエーツ 1987年

3『江戸幕末・和洋暦換算事典』釣洋一著 新人物往来社 2004年
4『暦の百科事典 2000年版』暦の会編著 本の友社 1999年

格言

資料はウソをつく

資料に書かれていることが必ずしも真実とは限らない。書かれた時点では真実だと思われていても、新たな発見によって変わる事例は多々あるのだ。名探偵コナン君はテレビで毎週「真実はいつもひとつ!」と言っているが、真実は全然ひとつじゃないのである。

古い資料や学説などは特に鵜呑みにはできないし、作者の思い違いもあるのだ。(もちろん、この本とて例外ではないのだが……。)

第3章 「子どもや教育のこと」を調べる

内容から話を特定する

「亀が空を飛びたくなったので」という話は何に出ていますか？

横道 独歩

学校帰りに図書館に立ち寄った小学生の男の子がレファレンスカウンターにやってきた。時々図書館に来る子で、顔をよく見かける。

「少し前の学校の児童集会で、亀が空を飛びたくなったので鳥に運んでもらったけど、けっきょく空から落ちてしまう、という話を聞いたんだ。だけど題名を忘れちゃったんだよ。もう一度読んでみたいんだけど、本あるかな？」

学校で聞いたお話ならば、たいてい昔話や民話が出典になっているものが多い。

「調べてみて後で声をかけるから、児童コーナーで待っててね」と伝えて、調査を始めた。

まず昔話か民話に関連した事典類からあたってみた。このジャンルの分類番号は［388］。参考図書コーナーの［388］に行き、数冊めくってみた。

まず、『日本昔話事典』[1]を取り、亀をキーワードに索引からあたっていくと、「雁と亀」という話が見つかった。亀を運ぶ鳥、亀の運び方などバリエーションがあるようだ。鳥も雁だけでなく鶴であったり、組み合わせも鶴とタニシ、烏と蛙の組み合わせもある。福島をはじめ東北から九州にまで類話が分布し、出典は「今昔物語集 第5 第24話」「法苑珠林」「パンチャ＝タントラ」「ジャータカ」「イソップ物語」などと出ている。

次に『昔話・伝説小事典』[2]を見ると、亀の項に、「亀が雁に目的地まで運んでもらう途中、うっかり話しかけたために地上に落ちる。それで亀は今でも甲羅が割れているのだ」とある。亀の甲羅の模

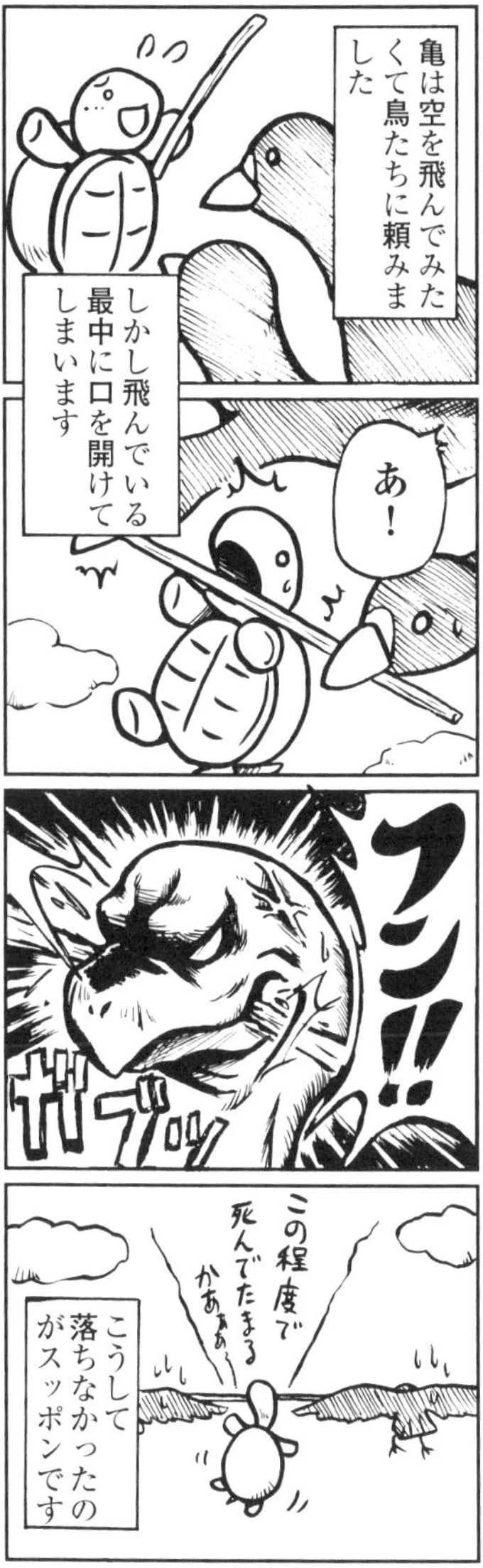

様の由来譚のようだ。

この2冊の事典から、一つのお話ではなく世界的に類似した内容が分布しているお話のようである。では、当館でこのお話を載せた本はあるのだろうか？「亀」についてということは確実なので、キーワードはまず「亀」。また、児童書ではひらがなやカタカナで表記される本もあるので、「カメ」、「かめ」でも蔵書検索する必要がある。さらに一つのキーワードでは膨大な件数になりそうなので「亀」「カメ」「かめ」それぞれを「民話」「昔話」「童話」と掛け合わせて検索した。全集など複数の作品が収められている本は、それぞれの作品名を内容細目という項目にデータが入力されている。それがヒットする場合もある。やはり絵本や児童図書がほとんどである。

また、出典は「今昔物語」「イソップ物語」などとわかったので「今昔物語」「イソップ物語」でも蔵書検索し、小学生が読めそうな本を選んだ。

児童コーナーに向かい本を探していると、ちょうどおはなし会を担当している富士さんがいたので、アドバイスを受けることにした。小学生の質問の内容を伝え、「これだけの本を探してみたんですけど、他にないでしょうか?」と訊いてみると、「もう一冊、絵本があるわよ」と言って、すぐ書棚から取ってきてくれた。7年位前のおはなし会の時に使った本だそうだ。7年前なら私がこの図書館に来る前である。富士さんは、子どもを相手にしている時やおはなし会などの時以外は無口な人だが、助けを求めると的確な返事をしてくれるので、頼りにしている。

これで本を集め終えたので、児童コーナーの座席で本を読んでいる先ほどの男の子に声をかけた。

『日本昔話事典』の本に記されていたとおり、探してきた本の中で話の内容が少しずつ違っている。

「さっきの質問のお話が載っている本はこれだけあったよ」と言って、男の子に示した。
[3]『子どもに聞かせる世界の民話』の中の「カメのこうらは、ひびだらけ」
[4]『こども世界の民話 上』の中の「かめのこうらは、ひびだらけ」
[5]『かめのこうらにはなぜひびがあるの』
この3冊は同じ内容である。星を見たいと思って背中に乗せてもらった魔法使いのあおさぎにだまされて、空から落とされてしまう。別の魔法使いに甲羅のかけらをつぎあわせてもらった、という話。
[6]『イソップのお話』に収録されている「カメとワシ」は、鷲に空を飛ぶ術を教えてくれと頼んだ亀が、鷲が空に飛び立った後で墜落してしまう話。
[7]『今昔物語集』に載っている「亀のおしゃべり」は、日照りで湖が渇いてきたので、亀が餌のある別の水辺に鶴に運んでもらおうとした。二羽の鶴が両側、亀が真ん中で棒を口にくわえて空を飛んだが、

調査の流れ

質問
↓
昔話の参考図書
↓
古典文学
↓
児童書
↓
回答

類話の存在から必要とする絵本に導けるか。

うっかり口を開いたので、落っこちてしまうという内容である。

「この中から自分が探している内容のものを選んでごらん」と言って本を渡した。図書館員が断定的に資料を提示してしまうと、お客様はその資料の内容を鵜呑みにしたり、本当に探したいものかどうか迷ってしまうことがある。特に子どもに対しては紹介や説明はできるだけ短くして、なるべく自分で目を通し本を読んでもらうよう、いつも気を遣う。

男の子は「うん」と言って読み始めたので、レファレンスカウンターに戻った。少し経った後、男の子が図書館を出る途中に声をかけてきた。

「さっきはありがとう。本を返すよ」

男の子から本を受け取りながら、「探していたのはどれだった」とたずねてみると、

「この本だった。内容もわかったし、児童集会で6年生のお姉さんがこれを手に取ってお話をしてくれたのを思い出したよ」

と男の子は満足したような顔で応えた。富士さんが持ってきてくれた『かめのこうらにはなぜひびがあるの』だった。

●主な参考資料

1『日本昔話事典』弘文堂 1977年

2『昔話・伝説小事典』みずうみ書房 1987年
3『子どもに聞かせる世界の民話』矢崎源九郎編 実業之日本社 1964年
4『こども世界の民話 上』内田莉莎子ほか著 実業之日本社 1995年
5『かめのこうらにはなぜひびがあるの (絵本ファンタジスタ3)』石堂清倫文・赤星亮衛絵 コーキ出版 1977年
6『イソップのお話』河野與一編訳 岩波書店 (岩波少年文庫) 1955年
7『今昔物語』福田清人編著 ポプラ社 (古典文学全集8) 1966年

格言

亀の甲より「司書」の功

困ったらベテランの司書の知識や経験に頼ることも有効です。

昔の物の作り方

わらじの作り方を知りたい

川波 太郎

「わらじを作ってみたいんですけど」

「わらじ……って、あの、履くわらじですか？」

石尾さんに代わってカウンター当番に出た時に受けた質問である。

私は近頃、事務処理や雑務に追われる毎日を過ごしており、カウンターに出てお客様から調査を依頼される機会は少なくなってしまった。しかしレファレンスは楽しい。やはり現場があってこその司書であろう。

質問されたお客様は30代後半の男性である。小学生の息子さんに手仕事体験・昔体験をさせてやりたい、とのことであるが、そういうお父さん自身もわらじを編んだことはないそうである。我があかね市は、都会とは言い難い郊外にある小さな街とはいえ、近年は農家の数もめっきり減ってしまった。田んぼもほとんど残っていない。思いおこせば40年前、この土地は立派な田舎であった。自分が幼少のみぎりには、柿の木に登ったり、用水路でザリガニを釣ったり、上品な山猿のような生活をしていたのであるが、その私でさえ、わらじなんぞを履いている人を見たこともなければ、自分で履いたこともないくらいなのである。若いお父さんならなおさらであろう。

さて、「わらじ」について探すなら、まず履物や民具関係の分類から探すのが一般的なアプローチであろう。分類番号［383］（衣食住の習俗）周辺の棚で資料をパラパラと見ていくと[1]『はきもの ものと人間の文化史』にわらじを作成している白黒写真が数枚載っている……が、しかし、これではわらじを作っている雰囲気は分かるものの、実際に作ることは難しそうだ。

それに、わらじを編むための藁縄はどうやってなうのだろうか。その辺をカバーできる資料も探したいところだ。老婆心ながら先ほどのお父さんは藁を入手できるアテはあるのだろうか。近所のスーパーに売っているとも思えないし（って、当たり前である）。あとで確認しておく必要がありそうだ。

さて、調査を継続しよう。今回のように「何々を作りたい」「何々の絵を見たい」という質問は体系的に手順を踏んで進める調査ができないことが多い。回答は運がよければ簡単に出るが、出なければ案外苦戦するケースも多いのだ。

しかし、昔はそれらしき資料にあたりをつけて片っ端から探して行くしか方法がなかったが、ありがたいことに近年はインターネットがある。インターネット検索は、求める結果そのものがズバリ出なくても、ヒントを探したり、対象を絞って行く時には非常に便利である。

〈Google〉で何度かキーワードを変えながら検索すると、いくつかヒットした。丁寧な図解なども結構載っているのだが……しかし、図書館である以上、これを示して回答とするわけにはいかないだろう。インターネットは超便利なのだが、著作権の問題もあるし、記述内容が正しいかどうか誰が書いたのかも分からないのだから、あくまで検索の補助資料程度に留めておきたい。

といって図書資料で提供するとなると……ここで詰まってしまった。簡単そうなのに、答えが出そうで出ない。すっきりしないぞ。

そうだ、児童書はどうだろう。こういう作り方の図解などは、児童書のほうが分かりやすく、しっかりした説明が載っている場合があるのだ。

さっそく児童コーナーへ行く。一般書と同じく、民俗学や履物に関する児童書を探すが、しかし、出てこない。

児童書を使ったレファレンスも体系的な調査がしにくいジャンルである。児童書の調査は長年の司書経験と努力から得た知識が役立つことが多い。要するに、児童書をたくさん読んでいるかどうかが重要な要素だといえる。（特に、質問者が子どもの時に読んだ児童書を探す等の質問は初心者にはお手上げであろう）。

自分も若い頃には児童書をたくさん読みこんだと自負してはいるのだが、質問者に待っていただいているので、今はじっくり調べる時間がない。我が館の現役の児童サービス担当に応援を頼もう。

おはなし会【注1】の仕込みをしている木崎さんを発見し、わらじの作り方を扱っている児童書がないか聞いてみた。

調査カード

質問要旨	「わらじ」を作ってみたいので、方法を教えてほしい。 （口答・電話・ＦＡＸ・手紙・メール）

調査記録欄	所要［ 20 分］
例　探索方針▼調査経緯▼	質問者は30代の男性だが、お子さんに作り方を教えたいとのこと。 「わらじ」は民具、履物関係（NDC 383）にありそうである。 実際、「わらじ」の写真などはすぐに見つかった。作り方も写真で載っているのもあるが…これだけでは「わらじ」を作るのは難しそうである。 （まず、わらで縄をなわないといけないとは…。わら縄ってどう作るのか？ ドコでわらを入手するのかetc… フォローが必要） 発想を変えて、初めから児童むきの本を探す。 数は少ないが、①「冒険図鑑」（さとうち藍 著, 福音館, 1985年）を発見。これでバッチリ分かる。 （わらさえあれば作れそうな予感） 今回の質問者は わらの入手のアテが あるらしいので これでOK.
回答要旨	民具、履物関係の一般書・児童書をまぜつつ①で完了。 その後、郷土資料関係で地元の民具保存などの資料も発見した。時間があれば郷土資料もあたれば良かった…と反省
感想・備考	図書館で所蔵している資料だけでなく、地元のお年寄りや伝承保存会なども紹介するのも実際的で良かったと思う。 わらの縄を作る、という程度の日常的なことも今では わらを入手する段階から難しくなっていることを実感した。

「わらじの作り方ですか……」

木崎さんはさっと児童コーナーに行き、［7門］（芸術・スポーツ）の棚を探すと、

「これなんかどうですか？　たしかこれに載っていたと思います」

『冒険図鑑』[2]

確かに、見開きのイラストで詳しく載っている。懸案だった藁のない方から編み方まで載っている。

「ちょっと違うけど、これも参考になるかもしれません」と［6門］（産業・農業）の棚から『料理とワラ加工』[3]を出してくれた。藁打ちなどの下準備や藁のない方がカラー写真で解説されている。また、わらじではないが、わらぞうりなら編み方が詳しく載っている。

おお、これなら実際に作れるのでは？という気がしてきたぞ。まずはこれでオッケーという感じです！（私の心の中で、「ズバリ賞」を木崎さんに進呈しましょう！　ただし、賞品は何も出ないけどね……）。

お待ちいただいていたお父さんに結果を示すと、「ありがとうございます、これなら出来そうですね」と合格点をいただくことができた。藁の入手についてお父さんに確認すると、お父さんには藁を入手できるアテがあるらしい。（近所の学校農園で育てた稲の収穫後の藁を譲っていただけるとのことである）。

それなら、これにて一件落着である。

その後追跡調査をしたところ、郷土資料の中でも発見することができた。

郷土資料は見落としがちなツールであるが、あかね市でも昔の民具や技能の伝承保存に取り組んでおり、郷土資料に収録されている可能性は高いのだからあたっておくべきであった。また、作り方の解説が書かれている資料が見つかっても、実際に編むとなると絵や写真だけでは細かい部分やコツが分からないことも考えられる。多くの自治体では、民具やわらじの作り方のほか昔の生活技術などを教える教室が開催されたり、技能伝承のボランティアが登録されているケースも多い。例のお父さんにはあかね市の学芸員の窓口も紹介しておくことにしよう。そのようなルートで聞く方が、農家の方から藁を譲っていただいたり、藁の加工法なども教えていただけるかもしれず、実際的ではないだろうか。地元に伝統工芸館などがあるなら、そちらを紹介するのも良いだろう。図書館だからといって図書館の資料だけですべて解決する必要はない。要は、必要な人に、必要な情報や場所を確実に提供

調査の流れ

質問
↓
民俗学
↓
児童書
↓
（郷土資料）
↓
回答

わかりやすい資料なら、とりあえず児童書も見るべし。

することが大事なのだ【注2】。

【注1】 絵本などの読み聞かせをして、本に親しむための児童サービスの一種。
【注2】 図書館が他の類縁機関等を紹介することを「レフェラルサービス」と呼びます。

●主な参考資料
1『はきもの ものと人間の文化史8』潮田鉄雄著 法政大学出版局 1973年
2『冒険図鑑 野外で生活するために』さとうち藍ほか著 福音館書店 1985年
3『料理とワラ加工 写真でわかるぼくらのイネつくり4』農文協編 農山漁村文化協会 2002年

格言

なんとなく、詰まった時はヒトに聞く

児童書は児童サービス担当に、伝統や伝承は学芸員に、むかしの知恵は地域のお年寄りに。

世界の児童文学を調べる

『一八二六年童話年鑑』の作者および当該書を読むには？

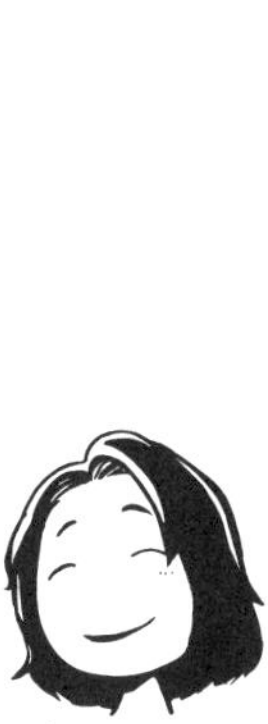

富士 のぶえ

ある日の児童コーナー。午後は学校帰りの子どもたちで賑わうこのコーナーも、午前中は幼児連れの若いお母さんたちが中心でのどかな雰囲気だ。カウンターに座っているこちらもなんとなく落ち着いた気持ちになる。と、そこへこの頃よく児童コーナーを利用されるAさんの姿が見えた。この方は図書館主催の「すばなし講座」【注1】を受けた後、市内の小学校にボランティアとして出かけ、おはなし会で絵本の読み聞かせや語りをしておられる。大変熱心な方でよく本も読まれ、カウンターで質問されることも多い。「わかりません」や「その本はありません」と言ってしまうと「あそこの図書館はつかえない」ということになり、その評価はあっという間にお仲間のおはなし会ボランティアの人たちにも広がってしまうにちがいない。恐るべし、くちコミネットワークである（ちょっと緊張）。案の定、Aさんは声をかけてこられた。

「前に何かで『一八二六年童話年鑑』というのがあるということを読んだのですが、それって何のことなんでしょう？　何で見たかは覚えていないんですけど誰が書いたどんな本かわかれば読みたいのですが……」というお話。
「一八二六年というと日本では江戸時代。江戸時代ですし、その時代に童話という言い方からして日本の作品ではなさそうですね。外国の作品でしょうか？」
「そうだと思います。今日は急ぐので明日また来ます。それまでに調べておいてもらえます？」「は、はい……」

Aさんはけっこう押しが強い。あと半日で回答に至ることができるだろうか……。不安が頭をよぎるが、ここで信頼を勝ち取れば「あそこの図書館はつかえる」という良い評判がネットワークを伝わっていく。頑張らねば！

ちょうど10時の小休憩。交替の木崎さんがやってきた。木崎さんも私と同様、児童サービス担当で「図書館おはなし会」に携わっている仲間でもある。明日まで、という時間制限があるので私がコケた場合でも木崎さんが答えを出してくれるかもしれない。こちらもネットワークを利用しなければ！

小休憩後、早速とりかかる。よくレファレンスは連想ゲームに似ているといわれるが最初の連想を誤るととんでもない方向にいってしまう。気をつけよう。

一八二六年という時代と「童話」ということから連想してグリム、アンデルセンという可能性も高い。年表がついているものということで、まず『グリム童話研究』[1]を見てみると一八二六年のところにグリム兄弟共訳として「アイルランドの妖精童話」を出す、とある。これのことだろうか？　だけど「童話年鑑」という言葉がひっかかる。次に見たのが児童のレファレンスでよく使う『オックスフォード世界児童文学百科』[2]。一八二六年のあたりで2、3これかなと思うものがあるがどうもすっきりしない。

午後、カウンター当番からはずれたので大人向けの参考図書を調べてみる。やはり年表のあるものということで『解説　世界文学史年表』[3]にあたってみる。これは年代ごとに分かれて主要作品が載っており、かつ、イギリス・アメリカ／フランス・南欧・ラテンアメリカ／ドイツ・北欧・東欧・ロシア／日本／東洋と地域別に見開きで一覧できる表仕立てになっている。第47表一八二四—一八二八のところ、ドイツ・北欧……に、一八二六（独）ハウフ「月の中の男」「リヒテンシュタイン」「童話集」とあった。ハウフかもしれない……。

調査の流れ

質問
↓
1826年
↓
文学史年表
↓
ハウフ
↓
文学事典
↓
『隊商』
↓
回答

一八二六年という時代から何を連想できるかがポイント。

[4]『増補改訂 新潮世界文学辞典』[5]『児童文学事典』でハウフのことを調べるとヴィルヘルム・ハウフ（一八〇二〜一八二七）はドイツの童話作家で、男爵家の家庭教師として子どもたちに聞かせたものをまとめて『一八二六年童話年鑑』として発表、これが名作『隊商』として評判になった云々、とある。ハウフの『隊商』を検索すると岩波少年文庫ほかで当館にも所蔵していることがわかった。[6]『隊商』や[7]『ハウフ童話集』の解説・あとがきを見ると、ハウフの童話は、一八二六年度、二七年度、二八年度と3度「メルヒェン年鑑」として発表されたが、その後増補され「教養ある階級の子女のためのおとぎ話」としてまとめられており、その二六年度に出たものが『隊商』であると確認できた。

午後の休憩の時に木崎さんの進み具合を聞くと、博学の彼女は、このタイトルを見た段階でなんとなく記憶があった模様。[8]『子どもの本の世界』の巻末年表の一八二六年の項に「ハウフ『童話年鑑』」とあるのを発見。

これは確か前に読んだ『隊商』であったと思い出したのだそう。さすがです。

翌日、Aさんに調査結果を伝えるととても喜んでくださって、さっそく『隊商』を借りていかれた。こうやって一つずつ信頼を得て積み重ねていくことが図書館をよく利用してもらう近道だなあ、とにんまりしてきた。

それとともに、もっともっと色んな作品を読まなければ、と改めて感じた。

【注1】 おはなし会などで昔話や創作のお話を覚えて何も見ずに語ることを「すばなし」を語る（ストーリーテリング）と言います。図書館や学校、幼稚園などで最近おはなし会（絵本の読み聞かせ、すばなし、パネルシアターなど）がよく開かれるようになり、経験豊富な講師を招いて講座をもつ図書館が多くなってきています。

●主な参考資料

1 『グリム童話研究』日本児童文学会編 大日本図書 1989年
2 『オックスフォード 世界児童文学百科』ハンフリー・カーペンターほか著 原書房 1999年
3 『解説 世界文学史年表』市古貞次ほか編 中央公論社 1957年
4 『増補改訂 新潮世界文学辞典』新潮社 1990年
5 『児童文学事典』東京書籍 1988年
6 『隊商』ヴィルヘルム・ハウフ著 岩波少年文庫 1977年
7 『ハウフ童話集』ヴィルヘルム・ハウフ著 ブックマン社 1975年
8 『子どもの本の世界』ベッティーナ・ヒューリマン著 福音館書店 1969年

格言

ネットワークにはネットワークを！

常日頃、仲間の得意分野を観察しておいて、速やかにレファレンスに活かそう。

海外の児童書を探す

赤羽末吉の絵本でドイツ語に翻訳されているものとは？

本宮 美里

今日は児童コーナーの書架整理を重点的にやるように、川波係長から指示があった。書架整理は一番好きな仕事なので、喜んで児童コーナーに向かった。書架整理は棚が乱れているほどやりがいがある。本が書架にぴしっときれいに並べられるととても気持ちがいいし、きれいに並べ終えたあとの充実感もたまらない。プライベートで図書館に来た時も、書架が乱れていると密かに整理してしまうくらい書架整理が好きなのである。

さて、どこから始めようか。児童コーナーとはいえ、けっこう広い。ざっと見た感じ、絵本の棚が乱れているようなので、とりあえずそこから始めることにした。ひとり黙々と書架整理をしていると、お客様から話しかけられた。

「すみません、赤羽《あかば》末吉《すえきち》の絵本でドイツ語に翻訳されたものを探しているのですが……」

と言って、そのお客様は新聞の切り抜きを差し出した。見せてもらうと、〃ベルリンで「日本の絵本」展「きれい」「面白い」〟という見出しの記事だった。二〇〇五年三月二十三日付の毎日新聞の朝刊記事だという。その新聞記事の中に、「……国際アンデルセン賞を受けた故・赤羽末吉さんの作品でさえドイツ語訳はわずか1タイトル……」とあったが、その作品名までは書かれていなかった。赤羽末吉というと、『スーホの白い馬』が思い浮かぶ。『スーホの白い馬』といえば確か小学校の国語の教科書に載っていたなぁ。絵本の世界では有名人である。

それにしても、ドイツ語に訳されたものを探さなきゃならないのかぁ。英語ならまだしも、ドイツ語とは！　ドイツ語には全く馴染みがないだけに、これは私には無理かも……。児童コーナー担当の木崎さんに助けてもらおうっと。

というわけで、そのお客様を児童コーナーのカウンターにいた木崎さんにお願いした。私はそのまま書架整理に戻ってしまったけど、その後どうなったか気になったので、木崎さんに聞いてみた。

「うちの図書館では、赤羽末吉のドイツ語訳の絵本を所蔵していないことはわかっていたから、インターネットで調査することにしたのですよ。児童書のことをインターネットで調べるときにまずあたるべきサイトはどこでしょう？　はい、本宮さん」

「えーと、えーと……」

「ブブー、時間切れ。答えは国際子ども図書館でした。そこのホームページには、〈外国語に翻訳刊行された日本の児童書〉っていうデータベースがあるんだよね。今回の質問にぴったりのデータベースでしょ」

「へえーそんなのがあるんですか。さすが国立図書館のことだけはありますね」

「このデータベースは、日本語の書名や著者名、画家名からも検索できる上、出版国の指定も可能なんだよ。出版国をドイツにして検索語は〈赤羽末吉〉を入力したら、1件だけヒットしてきた」

原書：『牛若丸（源平絵巻物語1）』今西祐行／文　赤羽末吉／絵　偕成社 1979〈ISBN：4034270101〉【注1】

翻訳書：『Uschiwaka mit der Flote』1981（ドイツ）

「お客様から見せてもらった新聞記事によると、赤羽末吉の絵本は1冊しかドイツ語に翻訳されていないようだから、おそらくこの絵本がそうだろうということで、まずは絵本の特定が完了」

「そんなにあっさり本の特定ができるなんて！　あとは、その絵本をどこが所蔵しているか、ですね」

「〈外国語に翻訳刊行された日本の児童書〉では検索結果から国立国会図書館と国際子ども図書館の所蔵状況もわかるようになっているんだよ。だからこのデータベースでうまくいけば解決と思ったん

だけど、残念ながら両館とも所蔵なし……」

「〈国際〉って名前に入っているくらいだから、国際子ども図書館で所蔵しててもよさそうなもんですけどね」

「所蔵がないって一度は思ったんだけど、同じく国際子ども図書館で提供しているデータベース〈児童書総合目録〉【注2】で検索してみたらね、なんと国際子ども図書館に所蔵があることがわかったのですよ！　最初〈外国語に翻訳刊行された日本の児童書〉で調べた書名で検索したんだけどヒットしなくて、念のため著者名〈akaba suekichi〉と入れて検索したらヒットした」

「え！　なんでですか」

「私もさ、なんでかなぁと思って書名をよく見てみたら、〈外国語に翻訳刊行された日本の児童書〉と〈児童書総合目録〉とでは書名の表記が、同じ本なのに微妙に違ってたんだよ。

調査の流れ

質問
↓
日本の児童書情報
↓
児童書総合目録
↓
その他のホームページ
↓
回答

表記・表音の記載の違いに気付けるか。

〈外国語に翻訳刊行された日本の児童書〉……Uschiwaka mit der Flote
〈児童書総合目録〉……Ushiwaka mit der Flote

実際にその絵本を見てみないとどちらが正しいのかわからないけど、こういうことがあるのがデータベースの怖いところだよね。データベースの落とし穴、危うくはまってしまうところだったわ〜。検索に使う言葉はいろいろ試してみないとね。あるのにないことになっちゃう。怖い怖い……」

「私だったら、完全に落とし穴にはまっていたと思います……」

「そのお客様は急いでないって言ったからね、他にも所蔵しているところがないか調べてみたんだ。国内最大の総合目録のデータベース〈Webcat Plus〉を使ったんだけど、さっきはタイトルを入れて失敗したから、今回はまず、著者名〈akaba suekichi〉と入れて検索する。ヒットしてきた中にお目当ての絵本を発見！〈独立行政法人 国際交流基金 ケルン日本文化会館〉にも所蔵があることがわかったんだ。〈Webcat Plus〉ではこの1館しか所蔵しているところは見つからなかったよ」

「ドイツ語の絵本ともなると、国内で所蔵している図書館は限られてしまうんですね〜」

「そうなんだよね。そんなこんなで、ここで調査終了。そのお客様は、国際子ども図書館に行ってみると言っていたよ」

と回答プロセスを説明してもらった。さすがは木崎さん。難なく回答してる。ドイツ語がわからなくても回答できる質問だったのね……。

【注1】 ＩＳＢＮ：International Standard Book Number
日本語に訳すと「国際標準図書番号」。図書の識別のために付けられている国際的な番号です。ＩＳＢＮがわかっていると、図書を探すのに便利な場合があります。例えば、ＯＰＡＣや本屋さんの図書の検索システムで図書を探す時に、ＩＳＢＮがわかっていれば、その番号を入力するだけで、検索することができます。書名で検索すると、同じ書名の図書がいくつもヒットしてしまうことがありますが、ＩＳＢＮを使った検索ではそれがないので、特定の図書を探すときには重宝します。

【注2】 児童書総合目録は、国際子ども図書館、国立国会図書館のほか、日本国内で児童書を所蔵する主要類縁機関である大阪府立国際児童文学館、神奈川近代文学館、三康文化研究所附属三康図書館、日本近代文学館、東京都立多摩図書館、梅花女子大学図書館、白百合女子大学図書館の７機関が所蔵する児童書・関連資料の所蔵情報を一元的に検索できる目録です。（国際子ども図書館ホームページより）。

●主な参考資料

1 〈外国語に翻訳刊行された日本の児童書〉（国際子ども図書館ホームページ）
2 〈児童書総合目録〉（国際子ども図書館ホームページ）
3 〈Webcat Plus〉（国立情報学研究所ホームページ）

格言

完璧なデータベースなどないと心得よ

たった一文字違うだけでも検索できないことがあるのがデータベースの怖いところ。検索する側の間違いもありますが、データベースが間違っていることもたまにあります。検索に使うキーワードは、いろいろ試してみるのがいいと思います。

二択ではないケース

昭和二十三年に使われていた小学校の国語教科書の冒頭は「サイタ サイタ サクラガ サイタ」か「アカイ アカイ アサヒ アサヒ」か？

横道 独歩

「やあ、こんにちは」。月に1、2回ほど町内会の会長さんが図書館にやって来る。

「こんにちは」。レファレンスカウンターにいた私があいさつをすると、会長さんが近づいてきた。

「またちょっと調べてもらいたいことがあるんだけど、いい？」

自分がレファレンス担当の日で、お客様と応対をしていない時、会長さんから時々質問を受けることがある。

「どんなことでしょうか？」。私がたずねると、会長さんは席に腰かけながら話を始めた。

「先月の町内会で会合の後の休憩のときに話題になったことなんだ。自分の小学校の時の国語の教科書の最初はどんなだったかなという話なんだ」

「皆さんはどんなことを話されたのですか?」。私がたずねると、

「ある人は〈サイタ サイタ サクラガ サイタ〉だと言ったり、ある人は〈アカイ アカイ アサヒ アサヒ〉だと言った。だけど、私は皆さんより年下だから、そのどちらも記憶にないんだよ」と会長さんは言った。

「会長さんが小学校に入学されたのは、何年ですか?」。私がまたたずねると、会長さんは少し考えるようにして言った。

「うーん。何年だったかなあ?……戦争が終わってすぐの頃だから……。ああ、昭和二十三年だ。その前の年に今の六三制になったのは覚えている」

そうすると戦後学制が変わったすぐ後の頃の教科書ということになる。

「だいたい見当がつきます。調べてみます」と私が言うと、

「じゃあ、これから館長に会って少し話しをするから、帰る時までに頼むよ」と言って、事務室に入って行った。

小学校1年生の国語教科書とは、教科書の中でも特に重要なものである。人間のコミュニケーションにとって大切な「ことば」を初めて学ぶのであり、いつの時代の教科書も小学校1年生の国語教科書は、より力を入れて編集されている。特に高齢者の方が幼少期を懐古するとき、小学校1年生の国語の教科書の最初は何だったかということを話題にすることがよくあると聞く。

インターネットで検索すればある程度情報は得られそうな気がする。質問者が学校の先生や研究者など専門的なレベルを求めている人であれば、県の教育センターや、教育・教科書関連の専門図書館を紹介する方法もある。

ただ、今回は専門的な内容までは必要としないと思われるし、教科書関連ならば当館の所蔵資料である程度調べられると思う。

よって、この質問はできるだけ当館の所蔵資料の中から調べることにした。

OPACで「教科書」「国語　教科書」「教科書　歴史」などのキーワードにて蔵書検索した。さすがにヒット件数は多い。この中で有効と思われる資料をチェックした。

レファレンスカウンターを離れ、資料をピックアップに行く。

一般書の教科書の分類番号［375］のところ、文庫・新書の書架をめぐった後、書庫内の本も持ってきた。

レファレンスカウンターに戻り、集めた資料を検討する。

『教科書の社会史』[1]

戦後のあたりの情報をたどっていくと「国語教科書とその使用世代」という表が載っている。この表によると、「サイタ　サイタ　サクラガ　サイタ」は昭和八―十五年、「アカイ　アカイ　アサヒ　アサヒ」は昭和十六―二十年と暫定昭和二十一年になっている。質問の昭和二十三年に当たるのは、昭和二十二―二十四年「おはなを　かざる　みんな　いい　こ」である。

はて？　昭和二十三年は「サクラ」でも「アサヒ」でもないのだろうかと思った。

『図説教科書の歴史』[2]

巻頭の図版の中に、「国定第四期本。昭和8年から使用（サクラ本）」として「サイタ　サイタ　サクラ　ガ　サイタ」、「国定第五期本。国民学校用。昭和16年から使用（アサヒ本）」として「アカイ　アカイ　アサヒ　アサヒ」と、それぞれ図版が載っている。昭和二十三年頃のものは「戦後の文部省著作国語」の中に「昭和22年国民学校初等科は小学校となり、六三制が発足した……」として「みんな　いい　こ」の図版が載っている。

これにより、昭和二十三年は『教科書の社会史』の表のとおり、「みんな　いい　こ」に代わったのだろうか、と思った。

『日本教科書大系　近代編　第9巻　国語（六）』[3]

巻末の「所収教科書解題」の「国語」の項に、「第六期国定国語教科書は昭和22年4月から、新しい学校制度の実施とともに小学校において使用する教科書として編集された」とある。冒頭の図版に「こくご　一」があり、「みんな　いい　こ」が掲載されている。

『戦後初期国語教科書史研究』[4]

戦後直後の国語教科書の歴史について詳しくまとめられている。第3章戦後国定国語教科書の第2節小学校国語教科書『こくご・国語』(「みんないいこ読本」)をみると、「みんな いい こ」が巻頭教材になっている「こくご 一」は昭和二十二年度から昭和二十三年度の2年間使用され、入門期国語教科書「まこととさんはなこさん」「いなかのいちにち」に代わった。

これらの本をみると、「サイタ サイタ サクラガ サイタ」は昭和八年から昭和十六年まで使用された国定第四期本であり、通称「サクラ読本」と呼ばれている。「アカイ アカイ アサヒ アサヒ」は昭和十六年から昭和二十年まで使用された国定第五期本で、通称「アサヒ読本」と呼ばれている。

そして昭和二十三年頃使われていたものは、昭和二十二年に刊行された国定第六期本といわれている通称「みんな いい こ」読本のようである。

お客様からの質問がAかBかという場合、求めているものはAでもBでもなく別のもの、という場

調査の流れ

質問
↓
教科書の歴史・教科書事情
↓
二択ではない
↓
回答

複数の資料の図表・図版を照合し、結論を引き出す。

合が時々ある。この場合も「サクラ」でも「アサヒ」でもなく、「みんな いい こ」のようである。

結論がでたところでちょうど会長さんが近くにやって来た。

「どう？ 調べられたかい？」会長さんが訊いてきた。

「会長さんが昭和二十三年に使用されていた教科書は、こちらのものではないでしょうか？」私は、今見ていた本の図版を示した。

「ああ、これだ。思い出した。自分が使っていたのはこれだ」会長さんが図版を見ながら、懐かしそうに言った。

「ただ、戦後の混乱期ですから、日本全国の中では教科書が充分に配られていなかったり、家のお兄さんやお姉さんが持っていた教科書を代わりに使っていた、ということも全くなかったとはいえないと思います」と補足した。

「でも、自分が昔使っていた教科書の図版を見られて良かったよ。今度の町内会の会合にでも皆に話してみよう」

会長さんはとりあえず満足してくれたようである。

「じゃあまた寄るからね。あんたも頑張ってな」そう言いながら会長さんは帰って行った。

●主な参考資料

1『教科書の社会史 明治維新から敗戦まで』中村紀久二著 岩波書店（岩波新書）1992年
2『図説教科書の歴史』日本図書センター 1996年
3『日本教科書大系 近代編 第9巻 国語（六）』講談社 1964年
4『戦後初期国語教科書史研究 墨ぬり・暫定・国定・検定』吉田裕久著 風間書房 2001年

格言

AかBかは、ときにはC

AかBかという質問の場合、ときに求めているものは別のものという場合があります。

昔の放送を調べる

三十年前にラジオで聴いた『ペスよおをふれ』の原作を読みたい

川波 太郎

昼食から戻ると、机の上に伊予さんからのメモが置いてあった。

「ヘルプです。三十年くらい前？　にラジオで聴いた『ペスよおをふれ』の原作を読みたい、との調査依頼。午前11時、伊予受信」

伊予さんはどうやらレファレンスをやりかけのままメモに走り書きをして帰ってしまったらしい。そういえば今日の午後から休暇願いが出ていたし、朝から時刻表を見てはそわそわしていた。おそらく午後一番の新幹線で奈良に出掛けてしまったのだろう。奈良散策が大好きなのは良いが、しかし、このメモは、まるでダイイング・メッセージみたいである。

いくら急いでいたとはいえ、あらすじや設定など、お客様からなるべく情報を聴き取って、次の担当者にきちんと伝えるのがレファレンス調査の基本でしょうが！

と愚痴ったところで、敵はすでに車中の人である。

仕方がない、帰ってきたらお灸を据えることにして、さっそく依頼に応えることにしよう。

まずは『ペスよおをふれ』が何かを突き止めなくてはならないが、ラジオドラマの原作が小説なのか、戯曲なのか、どこの国の話だったのか、このメモだけでは皆目見当もつかないのだ。

とりあえずOPACで『ペスよおをふれ』と入力して蔵書検索したが、当館では所蔵していないようだ。

頼みのインターネットを検索しても目ぼしいヒットがない。〈Google〉で放送ライブラリーのホームページにアクセスし、〈放送ライブラリー番組検索〉でラジオ番組を検索してみるが、ここにも情報はなかった。

もう少しラジオの方面からあたることにして、放送関係やシナリオ・演劇関係の分類の棚を調べるが、放送史の資料の数自体が少ない。放送したらそれきり消えてしまうメディアをきちんと整理し、検索できるツールは案外少ないのだ。せめてどこの放送局かが分かれば問い合わせもできるのだが……。

レファレンスでは、質問者の望む回答に迅速かつ正確に到達するには、はじめの一歩が大事である。このラジオをどこで（東京か地方局か）聴いたのか、どんな内容だったのか等々、質問者自身がヒントを抱えている例も多い。そういう面では、今回の調査は質問者からの聴き取りが足りないといえるだろう。（くそ、伊予さんが戻ったら接遇の研修からやり直させてやるぞ、と心に固く誓ったのである）

さて、どうするか。ここで発想を変えよう。質問者の年齢が分からないが、30年前には子供だったのかもしれない。そうすると『ペスよおをふれ』は児童書なのかもしれないぞ。

児童コーナーに行き、『日本児童文学大事典』[1]を索引から探す……と、あった。なんと「山田えいじ」という人物の項目の中に「つぎつぎとおとずれる苦難の中で幸せを求める少女と犬のペスを描いた『ペスよおをふれ』（五七～五九「なかよし」）が少女たちの間で人気を得る」とあるではないか！

ペ……ペス！

こ、これか？

これのことなのか⁉

なんと「なかよし」連載（一九五七～一九五九年）のマンガだったとは……。

私の頭の中で、マンガのようにガアーンという効果音が鳴り響いたような気がする。マンガとなれば、探し方のルートを大幅に修正しなくてはならない。

さっそくマンガ関係の書架を調べにいく。『漫画歴史大博物館』[2]には原作の写真なども載っていた。

あとは所蔵館調べである。

とはいえ、古いマンガをきちんと所蔵している公共図書館はほとんどない。インターネットで国際

子ども図書館の〈児童書総合目録〉を検索すると、国際子ども図書館が単行本『ペスよおをふれ①～⑧』(講談社の特選漫画文庫)を、国会図書館や大阪府立国際児童図書館が当時の「なかよし」を所蔵していることが分かった。

調査としてはこれで一応終了と言ってよいのだが……しかしマンガ雑誌を確実に保存している図書館はあまりにも少ない。マンガ雑誌は発売当初には大量に発売され、キヨスクでもコンビニでも山のように積まれているくせに、翌週にはきれいさっぱりなくなってしまう性質のメディアである。

どこにでもありふれているようだが、買える時期を逃すと入手は非常に困難になるのだ。

マンガ関係の情報自体は急増していて、インターネットで検索すれば続々と情報が書き込まれており、調査ツールとしては非常にありがたい限りであるが、では公共図書館で現物を読みたいとなると入手はかなり困難である。マンガ雑誌を公共図書館が収集すべきなのかという問題もあるが、実際問題として、マンガ雑誌を収集・保存するとなると膨大な量になってしまう。近頃は私立のマンガ図書

調査の流れ

質問
↓
日本児童文学
↓
マンガ
↓
所蔵館の確認
↓
回答

だいたいの類推をして、調査を開始できたのがポイント。

館なども登場してきているので、場合によってはそちらを紹介することも必要であろう。

それにしても、ペス……。あらすじを読むだけで泣けてきた。私も読みたくなってしまったような……。

●主な参考資料
1『日本児童文学大事典2』大日本図書 1993年
2『漫画歴史大博物館』松本零士ほか編 ブロンズ社 1980年

格言
流行りモノには要注意
その時はたやすく手に入るマンガ雑誌なども時間が経つと入手は困難になること。

第4章「科学のこと」を調べる

視点を変えて調べる

身近なもので線香花火を作る方法は？

木崎 ふゆみ

カウンターから戻ってきた本宮さんが、パソコンに向かうや「これを紹介すれば良かったかな」と言っているのが聞こえてきた。

「何かレファレンスを受けたの？」と聞くと、「身近なもので線香花火を作る方法はないか聞かれました。ＯＰＡＣで〈線香花火〉を蔵書検索しても、ヒットしなくて。花火が［５７５］（燃料・爆発物）に分類されることは確認できたので、棚に行って『花火の科学』（東海大学出版会）や『花火の話』（河出書房新社）などの本を見たんです。花火の原料については書いてあったけど、硝石とか硫黄などの、とても身近とは言えないものばかりで。困った時は百科事典だ、と思って百科事典も調べたんですけど、同じ程度の情報しか手に入りませんでした」

残念そうな本宮さん。身近なもので、ということなら児童書に何かありそうだけど？

「児童書も見ましたよう。［５門］（工業・機械）の棚をチェックしましたけど、見つかりませんでした。

でも、インターネットはやっぱり便利ですね。学校で線香花火を作る実験をやるみたいで、教員がホームページに上げた授業報告がけっこうヒットしています」

それって学校の公式ホームページ？

「いいえ、先生が個人でやっているページみたいです。そうなるとあくまで参考としてお伝えするレベルで留めるべきですよね、やっぱり。学校の公式ページに載っている情報があればなぁ。何でも、ティッシュペーパーに鉄粉をつけたり、スチールウールを燃やしたりすると、線香花火のように燃えるんだそうですよ」

ん？　鉄が燃える？

確か児童コーナーに「鉄だって燃える」みたいな題名の本があったよな。えーと、［5門］ではなくて、確か［4門］（自然・いきもの）の棚だ。

「本宮さん、［4門］の棚を見てみたら？　学校で教えているなら、子ども向けの科学実験の本に出

調査の流れ

質問
↓
花火
↓
インターネット
↓
科学実験
↓
回答

科学実験という視点を得られるかどうか

ているかもしれないよ」

「科学の実験ですか。確かに、そっちの棚はチェックしませんでした」

さすが若者。軽いフットワークで児童コーナーに飛び出していった。

しばし後。

数冊の本を抱えて、本宮さんが戻ってきた。

「［4門］の棚にありました！」と、持ってきた本を見せてくれる。

「『火と熱の秘密にふれよう』[1]では、ずばり〈線香花火をつくろう〉という実験が載っていました。ティッシュペーパーと、くぎを削った鉄粉を使った実験です。あと、線香花火という言葉は使われていませんが、他にも同じ趣旨の実験が載っている本がありました。『鉄の実験』[2]『鉄だって燃えちゃう』[3]『酸素と二酸化炭素』[4]では、スチールウールを燃やすやり方が出ています。ティッシュペーパーやスチールウールなら家庭でも簡単に手に入りますね。〈作り方〉にこだわって、調査を進めてしまったけど、〈物の燃え方〉に発想の転換をすれば、見つかったんですね」と、本宮さん大興奮。

鉄が燃える→似たような書名があった、という連想ゲームだったのだが、そうか、確かに「物の燃え方」という発想の転換による問題解決になっていますね。そういう発想が出来るアナタが好きよ。

「お客様の連絡先を聞いておいたので、電話してみます」という本宮さんに、「花火を作るなんて、ちょっ

と危ないから、取り扱いに注意するようにお伝えしてね。特に、子どもが作るんだったら、大人と一緒に実験するように念を押しておくように」と川波係長から注意が飛んだ。

「はい。本にも〈火を使うときは気をつける〉〈大人と一緒にやろう〉という注意書きがありますけど、口頭でもお伝えしておきます」

という本宮さんの元気な声を聞きながら、「これにて一件落着」と胸中でつぶやきつつ、カウンターに向かったのでありました。

●主な参考資料

1『火と熱の秘密にふれよう なんでも実験ためして発見6』松原静郎監修 フレーベル館 1999年
2『鉄の実験』馬場勝良著 さ・え・ら書房 1998年
3『鉄だって燃えちゃう』佐藤早苗作 大日本図書 1994年
4『酸素と二酸化炭素 ポプラ社の実験・観察シリーズ』鈴木文悟著 ポプラ社 1987年

格言

押してもダメなら引いてみる

調べ物には発想の転換が大事です。

インターネットの活用

宇宙食の変遷について知りたい

石尾 里子

昨夜はきれいな三日月だった。満月もいいけど明るすぎて星がかすんでしまうきらいがある。三日月ならほどよい明るさで存在感もあるところが気に入っている。周囲を生かし自らも輝く、人間もそうありたいものだ。目指せ！「あかね市立図書館の三日月」。夜空を見上げている時、何かが通り過ぎた。流れ星かと思ったら人工衛星なのだそうだ。宇宙はもはや神秘的なところではないのかもしれない。

そういえば、最近、宇宙ツアーが話題になっている。旅行会社があたかも海外パックツアーのように宇宙旅行を売り出したそうだ。誰でもお金さえ払えば宇宙へ飛び立てる時代の到来。大阪万博へ月の石を見に行った世代としては感慨もひとしおだ。ただし、月旅行が約１２０億円、宇宙体験だと少しお手軽で１２２４万円というのだから、庶民には桁が違いすぎて、「へえー」としか言いようがない。

そんなニュースの影響か、このところ宇宙の本が人気で問い合わせも多い。

「宇宙ステーションの写真ですね。こちらへどうぞ」

木崎さんが大人を児童コーナーへ案内している。実はこのように写真を探したり、基本的な情報を知るには児童書が役に立つ。特に宇宙開発などの分野だと、一般書は専門的すぎたり写真が乏しかったりすることが多いのだ。しかし、児童書にありそうで意外と見つかりにくいものもある。

「宇宙食の変遷について書かれた本はありませんか」と、年配の男性。

「昔、宇宙食といえばチューブに入ったものや乾パンみたいな、あまりおいしくなさそうなものだったけれど、最近、テレビでみるとカレーなんかあるんだね。どんな風に変わってきたのか調べてみようと図書館へ来てみたんだ。こどもの本なんかにあるかと思っていろいろ見てみたんだけど変遷までは見つからなくてね」

……宇宙食か、児童書がダメだとすると百科事典で概略をつかんでから資料を探そう。インターネットも使えるかも。

[1]『世界大百科事典 改訂版 3』の「宇宙食」の項をみると、変遷（歴史）がコンパクトにまとまっている。まずはこれをご覧いただくことにする。

「宇宙食」を検索キーワードにして、ＯＰＡＣで蔵書検索をしてみるが、ヒットなし。国立国会図書館の蔵書検索ＮＤＬ－ＯＰＡＣでも３件、〈雑誌記事索引〉【注1】でも８件しかヒットしない。意外なことに、「宇宙食」だけを取り上げた資料はあまり存在しないようだ。

そこで「５３８」（宇宙開発）の書架に行き、宇宙での生活が書かれていそうな本を直接あたることにする。『図解雑学 宇宙旅行』[2]は、索引つきで使いやすい。宇宙食については、２ページしか記載がないが、フリーズドライ処理など加工処理法の改良でバラエティーに富んだメニューが実現したことがよくわかる。『宇宙からの贈りもの』[3]は日本人宇宙飛行士・毛利衛さんが宇宙での体験をつづったもの。数ページだが宇宙食のことも出ており、二〇〇〇年搭乗時のメニューが具体的。『宇宙日記』[4]はディスカバリー号に搭乗した野口聡一さんの日記。コラムで「日本の宇宙食は○か×か」としてメニューごとに個別評価をしている。ちなみに「チョーお勧め」の◎は、カレー、ゼリー飲料、日本茶。二〇〇五年の事例として参考になりそうだ。

最近の状況はわかったので、少し古い資料に目を向けてみる。それぞれの時代の事例をつなぎあわせれば、「変遷」が見えてくるだろうという目論見なのだけれど……。

『ザ・スペースエイジ1』は、一九九二年出版のシリーズ。「宇宙用日本食の開発から空間農場へ」と題して4ページにわたって日本の宇宙食開発の記載がある。更に「宇宙食の変遷」として、マーキュリー計画時代・ジェミニ時代・アポロ時代・スカイラブ時代など各時代の写真がある。

このように本でも少しずつ情報が得られたが、宇宙開発といえばやはりＮＡＳＡやＪＡＸＡ（宇宙航空研究開発機構）のサイトを確認しておきたい。

〈Google〉で「宇宙食 歴史」と入力すると、〈ＪＡＸＡ〉の「よくある質問」サイトがヒットした。宇宙食の歴史やメニューなどわかりやすくまとまっていて、若田・毛利・向井宇宙飛行士の搭乗時のメニューも見ることができた。これなら質問の回答に使えそうだ。

さらに、ＮＡＳＡの情報を知るために、〈Google〉で「space food NASA」を入力し検索。〈ＮＡＳＡ〉の〈HUMAN SPACE FLIGHT〉のサイトの〈SPACE FOOD〉のページに宇宙食の情報は詳しく出ている。検索の際に「history」も入れるともっと絞りこめる。〈Google〉には翻訳機能もあるので（自

調査の流れ

質問
↓
宇宙開発・宇宙飛行士の本
↓
JAXA NASAのホームページ
↓
回答

出版物自体が少ない場合、信頼性あるインターネット情報へ。

動翻訳なので相当おかしな訳だが）、英語に慣れていなくてもうっすらと理解できるのがありがたい。

インターネットでは、北海道の余市宇宙記念館に宇宙食館というのがあることも判明した。詳しい施設内容まではわからなかったが、関連機関としておさえておきたい。

以上で調査終了。本でコツコツ調べたことがインターネットでは即座にわかる。しかし、宇宙飛行士の体験記など情報に深みを与えてくれるのは本の方が上かもしれない。今日のお客様も「これはおもしろい」と何冊か借りて帰られたようだ。

それにしても最近の宇宙食のメニューが豪華だこと！　こんなご馳走が食べられるなら宇宙も悪くないかな。

【注1】　その名のとおり、雑誌記事を探すための索引。ここで指しているのは、国立国会図書館が作成しているもので、インターネットで誰でも自由に使うことができる。

●主な参考資料

1『世界大百科事典 改訂版 3』平凡社 2005年
2『図解雑学 宇宙旅行』柴藤羊二著　ナツメ社 2003年

3『宇宙からの贈りもの』毛利衛著 岩波書店（岩波新書）2001年
4『宇宙日記』野口聡一著 世界文化社 2006年
5『ザ・スペースエイジ 1』NHK取材班著 日本放送出版協会 1992年

格言

インターネットはサイトが肝心

そのサイトが自信をもって提供できるサイトなのか、どうか。企業・官公庁・団体のオフィシャルサイトなのか考えて提供しなくてはいけません。質問者のニーズを考えることも大切です。

インターネットと本を併用しながら

ターコイズ（トルコ石）には6種類あるというが、その6種類とは？

伊予 高史

年も押し迫ってきた十二月。雪もちらついている。読書や調べものどころではないのか、今日はそれほど貸出カウンターもレファレンスカウンターも混んではいない。そんなレファレンスカウンターの中で、数日間に受けた調べものの回答を記録していると、近隣の高校の制服を着た一人の女の子が声をかけてきた。

恐縮した様子で声をかけてくる。

「すみません、調べていただきたいのですが」

「はい、なんでもどうぞ」

すると、彼女は小さなネコのぬいぐるみを付けている鞄を開けて本を取り出した。うちの図書館とは本の装備が違うから、たぶん学校の図書館の本なのであろう。

それは『パワーストーン百科全書331』[1]という本で、しおりが挟んであるところを開いて見せてくれた。

「ターコイズのページにですね……」

ターコイズ……、聞いたことないな、と、よくみるとトルコ石とも書いてある。もっともトルコ石についてだって、別に詳しいわけではない。

「それで、ここのところに、ターコイズの種類には6種類ある、と出ています。この6種類が何だか調べられますか」

たしかにその本には「6種類あるターコイズ・グループの中の一つで、名称が色の名前（ターコイズ・ブルー）にも使われるように、その美しい空色が特徴とされる鉱物です」と記載されている。

「学校の図書館でいろいろ調べてみたのですがわからなくて、学校の司書さんに相談したら、いろいろ調べてくれたし、インターネットでも検索してくれたのですが、結局、あかね市立図書館で相談してみたらと言われたのです」

なるほど、学校図書館の蔵書やインターネットではわからなかったわけだ。

一応、ターコイズやトルコ石で、インターネットの検索をかけてみる。検索結果の上位に並んだページを、つらつら見ていっても、十二月の誕生石であることはわかったが、ターコイズの種類まで記載してあるページはヒットしないようだ。

「私の誕生石なんですよ」と彼女はプレッシャーをかけてくる。

「はい、じゃあ、さっそく一緒に調べにいきましょう」

地学のあたりかな、とりあえず分類番号［45］の鉱物関係の棚にいく。

まずは適当に、わかりやすそうな『宝石の写真図鑑』[2]を手に取る。1ページにわたって、トルコ石の説明がなされているが、トルコ石の種類について記載はない。

つづいて『フィールド版鉱物図鑑』[3]。これにも種類に関する説明はない。

もともと出ていた本が「パワーストーン」だから、一般の宝石のとらえかたとは異なるのかなと、ちょっと不安になる。呪術やまじないとかのたぐいも見ないといけないのだろうか。そんな折、『楽しい鉱物図鑑2』[4]に「トルコ石はグループ名でもあり、全部で6種類が認められている。その一つのファウスト石（faustite）は……」と出ていた。

「お、やっぱり6種類あるみたいです。一つはファウスト石というそうです」

さっそく本を見ていただいたが、ううっ、反応は鈍い。やっぱり6種類全部わからないといけないのだろう。

「参考図書コーナーにも辞典類があるので、そちらにも行って調べてみましょう」

パワーストーンという印象から、一般図書の方を先に調べてみたが、むしろ参考図書の方から手堅く調べていくべきだったかなと、すこし反省。

参考図書コーナーでは『鉱物資源百科辞典』[5]という本が目についた。めくってみると、和名「トルコ玉（トルコ石、土耳古玉）族」として、アヘイライト（Aheylite）、鉄トルコ玉（Chalcosiderite）、ケルレオラクタイト（乳青石）（Coeruleolactite）、ファウスタイト（Faustite）、トルコ石（トルコ玉、土耳古玉）（Turquoise）と出ていた。先ほどの『楽しい鉱物図鑑2』にあったファウスト石（faustite）とも合致する。

調査の流れ

質問
↓
インターネット
↓
鉱物の本
↓
インターネット
↓
回答

調べていくうちに、検索のキーワードが増えていきます。

「わかりましたよ。ここに出ています」

「ありがとうございました」と彼女も喜んで、そのページをくいいるように見るが、ふと、きょとんとした顔になり、

「あのー、これでは5種類ですよ」

え、なになに、「えーと、ひい、ふう、みい……、そうですね、5種類ですね。それでは、もう一種類を探しましょう」

しかし、参考図書コーナーにある鉱物関係の本にはこれ以上の記載はなく、念のため、百科事典などにもあたってみたが、けっきょく、5種類以上の記述は見つからなかった。

6種類のうち5種類まではわかったんだ。あと1種類、どうにかしてわからないか。と思いついたのがインターネット。

先ほど調査をした時には、ターコイズ（トルコ石）しか手がかりがなかったため、検索を十分にしきれなかったが、今だったら、英文も含め5種類の名称がわかっている。これをキーワードにインターネットで検索すれば、おそらく6種類の名称がわかるはずだと、あたりをつけた。

「ふたたび、インターネットで検索してみましょう」

半信半疑な顔をされてしまった。

「えーと、さっきはトルコ石しかわかっていなかったけど、本を見て、いろんなことがわかったから、今度はヒットすると思うよ」

さっそく、これまでわかった5種類のトルコ石を検索キーワードにしてインターネットで検索してみる。

数件がヒットして、6種類目がプラネル石（Planerite）と判明した。

その画面をお見せしたところ、

「よかった。やっぱり、あかね市立図書館に相談にきてよかったです。自分の誕生石が6種類あって、ずーっと気になっていたのです。ありがとうございました」

と、満面の笑顔でインターネットの画面を書き写している。

「一つのホームページだけでなく、いくつかのホームページで確認してみるといいですよ」と一言付け足して、調査終了。

今回の調査は、はじめの質問だけではインターネットで検索できず、本で手がかりを見つけ、それをキーワードにしてインターネットを再検索したことが、調査のポイントとなった。

●主な参考資料

1『パワーストーン百科全書331』八川シズエ著 ファーブル館 2000年
2『宝石の写真図鑑』C・ホール著 日本ヴォーグ社 1996年
3『鉱物図鑑 フィールド版』松原聡著 丸善 1995年
4『楽しい鉱物図鑑 2』堀秀道著 草思社 1997年

5『鉱物資源百科辞典』牧野和孝著 日刊工業新聞社 1998年

格言

わらしべライブラリアン

一つの手がかりをヒントに、次々と手がかりを膨らませつつ、最終的な回答に至ることがあります。

質問者にあわせた資料を

夕焼けはなぜ赤いの？

木崎 ふゆみ

「夕焼けがなぜ赤いのか、子どもにわかりやすく書かれた本はありますか？」という電話での問い合わせを受ける。

子どもといっても、年齢幅がありますが、何年生？

「小学校2年生です」

ふむふむ。

午後、お子さんと一緒に図書館に来館されるとのことなので、時間を確認の上、本を用意しておくことにした。

天気に関する本はいろいろあるが、2年生でもわかる本となると、ちょっと難しいかもしれない。

『よあけ ゆうやけ にじやオーロラ』[1]という科学絵本が記憶にあったので、まずこれを確保。科学絵本は、小さい子にも科学知識が適切に伝わるように工夫されて作られているので、こういう時に重宝する。

　さて、天気に関する調べ物なので児童書の分類番号［45・1］天気・気象の棚へ直行という方法もあるが、まずは調べ物のコーナーへ移動し、事典や索引類を調べてみることにする。

　児童コーナーにある百科事典は、子ども向けの『ポプラディア』[2]『ニューワイド学習百科事典』[3]。特に『ポプラディア』は、索引がついていて、本文中の単語からも引けるのがうれしい。この他にあかね市立図書館では、『日本大百科全書』（小学館）も置いている。大人向けの百科事典の中では、写真や図版が豊富で、小学校高学年や中学生なら十分使える。

　各事典の「夕焼け」の項を確認する。「日の入り時、太陽光線はちりやごみの多い大気を水平方向に長く距離を通ってくる。このため、波長の短い青い光は散乱され、波長の長い赤い光のみがとどくので、赤く見える」（『ニューワイド学習百科事典 7』）。

「波長」に「散乱」かぁ。『ポプラディア』の解説も似たり寄ったりで、小学校低学年には手強そうだ。

　次に『どの本で調べるか 小学校版』[4]『新・どの本で調べるか』[5]を見る。これは、五十音順に項目を並べ、その項目が、どの本のどのページで取り上げられているのか、その本の対象年齢はどのくらいか、ということまでわかる資料。中学校版もある。

「夕焼け」の項を調べると、〝「にっこう（日光）」を見よ〟とあった。「日光」を見るも、使えそうな資料は載っていなかった。残念。

　さらに、『原色ワイド図鑑 総索引』[6]で、「ゆうやけ」の項を見る。ワイド図鑑限定だが、どの巻のどのページに調べたいことが載っているかがわかる。『天体・気象』の117ページに載っている。図鑑が出てきたところで、［45・1］天気・気象の棚に移動。『原色ワイド図鑑 天体・気象』の解説は、コンパクトにまとまっているがやはり難しい。

棚にある本をチェックしていく。[7]『調べ学習・自由研究に役立つ お天気まるわかりbook』に、「なぜ夕焼けは赤いのか」あり。写真やイラストでかみくだいて説明されている他、夕焼けをつくる実験が紹介されている。

[8]『空と天気のふしぎ』にも、夕焼けの仕組みが図解入りで解説されていた。説明の前提として、太陽の光についての説明もある。光の「散乱」についても、大気を通る間に「ちらばって」といった平易な言葉に置きかえられている。

さて、次にチェックすべきは、子どもの質問集である。子どもから寄せられた質問・疑問にわかりやすく答える、というコンセプトの本は各社から出版されており、説明も平易なものが多く、役に立

調査の流れ

質問
↓
百科事典
↓
参考図書
↓
天気・気象
↓
疑問集
↓
回答

参考図書の活用、疑問集の調査など児童コーナー全般を使いこなす。

つ。ただし、一点一点中身にあたり、どんな質問が取り上げられているのか確認していくしかない。誰か質問一覧をデータベースにしてくれないかな、と使うたびに他力本願になってしまう私である。しかも、科学の質問を集めたものは［40］数と自然、雑多な質問を集めたものは［00］総記と、分類も分かれてしまうので、両方の棚のチェックが必要だ。

[9]『小学生の大疑問100 PART3』に「夕焼けは、どうして赤く見えるの？」、[10]『科学なぜどうして三年生』に「夕焼け空はなぜ赤くそまるの？」が見つかる。

調査の範囲としては、こんなところかな。できるだけ説明が平易なものを選んだつもりだが、果たしてお客様は満足してくださるだろうか？

来館されたお父さんとお子さんに、取り置いた資料を見ていただく。「子どもにわかるように説明するのが難しくて」と苦笑するお父さんは、「探していただいた本を子どもと一緒に見て、わからないところは説明できるように自分でも勉強してみます」と、何冊かの本を選んで借りていかれた。

子ども向けの本は、ポイントを要領よくまとめて書いてあるので、大人が見ても参考になる。とはいえ、年齢にあった資料を探すのには、年齢が低いほど苦戦することが多い。小さい子どもにもわかるように説明できる人こそが、知恵者に違いないと思うことしきりである。

●主な参考資料

1『よあけ ゆうやけ にじやオーロラ』かこさとし絵・文 農山漁村文化協会 2005年
2『ポプラディア 総合百科事典』ポプラ社 2002年
3『ニューワイド学習百科事典』学習研究社 2002年
4『どの本で調べるか 小学校版 増補改訂』リブリオ出版 1997年
5『新・どの本で調べるか』リブリオ出版 2003年
6『原色ワイド図鑑 総索引 改訂新版』学習研究社 2002年
7『お天気まるわかりbook 調べ学習・自由研究に役立つ』山内豊太郎監修 成美堂出版 2004年
8『空と天気のふしぎ』武田康男監修 ポプラ社 2003年
9『小学生の大疑問100 パート3』講談社 2001年
10『科学なぜどうして三年生』久道健三編著 偕成社 2002年

格言

人を見て書を説く

専門家に入門書を紹介しても、子どもに大人の本を紹介しても役に立たない。その人その人にあった資料探しは、司書の大切なお仕事です。

基本的な参考図書を使いこなす

透明度の一番高い湖はどこか調べたい

田中 弥生

今日は月末の館内整理日。図書館は閉まっているけれど、私たちは結構忙しい。私もあかね市立図書館の臨時職員になるまでは、閉館日は司書の人もお休みしていると思っていた。ところがこの館内整理日は臨時職員だけでなく、ほとんどすべての館員がいつの日にも増して肉体労働をしている。

今日は、石尾さんのお手伝いで、参考図書の中で修理が必要な本を抜き出す作業をしている。参考図書は、辞典や年鑑類が多いので、厚くて大きな本が多い。その上、調べものに利用するので、複写する機会も多く、壊れやすい。完全に崩壊してしまう前に、修理しておかないと利用できなくなってしまう。

「田中さん、少し休憩にしましょう。コーヒーを入れるわね」

作業が一段落したところで、声がかかった。そしてコーヒーを飲みながら、昨日石尾さんが受けたレファレンスの話を聞かせてもらった。

「昨日ね、大学生くらいの男の子がやってきたの。最近わりと多いのよ、若い人。それで、いきなり〈湖の透明度を調べる方法を知りたい〉と言うの。ちょっとびっくりしたけど、測量方法が知りたいのかなと思ったので、〈測量方法について資料をお探しですか？〉って聞いたら、そうじゃなくて〈透明度が載っている本をどうやって調べたらいいか知りたい〉と言うのよ。不思議でしょ。私の目が点になっていたらしくて、その子がもじもじしながら言うことには、大学で司書の資格を取る勉強をしていて、その授業の課題【注1】なんですって。自分でもいろいろな本を見てみたけど、探せなくて聞きに来たらしいの。ほんとは探すこと自体が勉強なんだけど、一生懸命頑張っていたみたいだったから、ヒントだけ教えて、あとは自分でやってみてねと答えたの。私たちにとっても後輩になるかもしれない人の育成だから、ここで挫けてこの仕事が嫌になられちゃっても困るじゃない」

「へえ、いまどきはいろんな演習問題をやるんですねぇ。湖の透明度ねぇ。日本で一番透明度が高い湖は確か、摩周湖ですよね。回答にはやっぱり数値的な根拠が必要なんでしょうか。湖の透明度が調べられる本なんてうちの図書館にもあるんですか？　見てみたいです。石尾さん、私にもそのヒント

とか、考え方のポイントを教えてもらえますか?」

「いいわよ。湖の透明度は、環境汚染などで変化するでしょ。変化するものは、何年頃の数値が見たいとか、一番高い時のデータを知りたいという場合を除いては、調べられる限りの最新データを提供する必要があるでしょ。毎年更新されたデータが載るのは〈年鑑類〉なのね。どんな年鑑が出版されているかは『日本の参考図書』(日本図書館協会)という年鑑や白書、事典などの参考図書を探すための本があって、調べることができるわ。後は地理学関係の専門事典や、〈何とかのベスト10〉みたいなランキング本などにも載っている可能性があるし、湖にあたりをつけて、その特徴を辞典や旅行ガイドブック等で確認するという手もあるわ。ただ、事典やランキング本だと、最新のデータを提供するのはちょっと難しいわね。そう頻繁に改訂されるわけじゃないから。湖にあたりをつけて調べる方法も、ある程度の確証があればいいけど、そうじゃないと徒労に終わってしまうこともあるわ。彼に教えたのはここまでよ。田中さんにはもう少し教えてあげるわね。

今回は『理科年表』[1]を見てみるのが一番ね。『理科年表』って優れものの参考図書なのよ。年鑑だからデータは常に更新されていて、〈科学の全分野を網羅するデータブック〉が売りらしいんだけれど、ほんとうにあらゆるデータが揃っているの。地理学辞典類でも、数値データは『理科年表』を引用していたりするし、うちで受ける自然科学に関する質問のかなりのものをこの参考図書で調査しているんじゃないかしら。たぶん、授業の課題にこの問題が出ているのは、『理科年表』を使わせたいからだと思うわ」

「へえ、『理科年表』ってすごいんですね。今度、私も見てみます」
「そうそう大事な話をするのを忘れていたわ。『理科年表』のデータはいろいろな統計類や調査報告書から抜粋されているの。調査によっては5年や10年に1回だったりするものもあるの。だから、実際に数値を示す場合には、注に書いてあるデータの根拠となった資料も一緒に示してね。年鑑の年度がそのままデータの年度じゃないから気をつけて」

翌日早速、石尾さんに教えてもらった『理科年表』をみてみると、日本だけでなく、世界の湖の透明度も載っていた。

国内は摩周湖が28・0メートルで1番。2番目は倶多楽湖の22・0メートル。3番目は支笏湖の17・0メートル。すべてが北海道にある湖。石尾さんのおっしゃったとおり、国内の透明度のデータは、『第4回自然環境保全基礎調査・湖沼調査報告書』（環境庁自然保護局一九九三年）によると注がある。この調査は4回目以降やっていないのかな？　後で確認してみよう。

世界はグレートベア湖（カナダ）の10―30メートル。世界の湖のデータは複数の資料が出典となっている。透明度を世界と日本で比べるのは、調査の年も湖の大きさも違うから、ちょっと無理かな。ちなみに、測定方法についても記載がある。「透明度は、直径25―30㎝の白い円盤を水中に下し、水面からそれがみえなくなった深度をもって表わす……」。へえ、知らなかった。

『理科年表』は暦・天文・気象・物理／化学・地学・生物・環境の各部編に分かれていて、さまざまなデータが載っている。面白くてパラパラめくっていると、環境の項に「サクラの開花日」や「イチョウの黄葉日」のデータが地域ごとに一九五三年から載っていたりする。すごい。

せっかくなので、石尾さんに教えてもらった他の方法でも湖の透明度の調査を試みてみた。『地理学辞典』[2]を引いてみると、「透明度」として項目あり。今までの記録として、「湖は摩周湖の41・6m（現在29メートルに低下）が最大で、バイカル湖の41mがこれに次ぐ」とあるが、この本は一九八九年の刊行。これ以上新しい地理学辞典は所蔵していない。他の地理学辞典には面積や海抜などのデータが『理科年表』から引用されていたが、透明度の記述はなかった。ランキング本のほうは『トップランキング事典』（東京堂出版）という本を1冊所蔵しているだけで、こちらも透明度の記述はなかった。残りの調査は、摩周湖の特徴がわかる資料の探索かな。とりあえず今日はここまでで、また暇をみつけて調べてみようっと。

こうしてみると、『理科年表』が1冊あることで、調査可能なことが増えるみたい。

調査の流れ

質問
↓
理科年表
↓
回答

定番の参考図書を使いこなすのが肝要。

後日、石尾さんに自然環境保全基礎調査・湖沼調査の4回以降の調査について、環境庁のホームページで調べてもらった。1回から4回までは調査の報告がされているが、それ以降は載っていなかった。やはり未調査のようだ。すごい『理科年表』。

【注1】 図書館司書を養成するカリキュラムのある大学があります。演習授業では、実践を通じてサービスの概要と方法を学びます。なお、この課題は『レファレンスサービス演習 改訂』(樹村房 2004年)の中に収録されています。

●主な参考資料

1『理科年表 平成18年 机上版』丸善 2005年

2『地理学辞典 改訂版』二宮書店 1989年

格言

苦しいときの司書頼み

ベテラン司書の優れた頭脳と参考図書、二つ揃えばたいていの問題は解決できます。図書館のレファレンスサービスを積極的に利用しましょう。

動物の生態を調べる

魚の尾は縦についているのに、イルカの尾はなぜ横についているか？

本宮 美里

平日は午後になると、学校が終わった子どもたちが図書館にやってくる。友達同士でやって来たり、お母さんに連れられて来たりで、この時間帯は図書館がにぎやかになる。私がカウンターで返却本の受付をしていると、小学生くらいの男の子が本を返却するついでに、尋ねてきた。

「ねえねえ、魚の尾は縦についているのに、なんでイルカの尾は横についているか知ってる？」

突然の質問にどぎまぎしながら、

「イルカの尾が横についている理由かぁ。う～ん、知らないな。まあせっかく図書館に来たんだから、自分でちょっと調べてみたらいいんじゃない？　調べるなら手伝うよ」

と言ってみたところ、

「そこまで気になるわけじゃないから別にいいや」

と言って向こうへ行ってしまった。ずいぶんあっさりしてる子なのね……。それにしても、なんでイルカの尾は横についているんだろう？　そんなこと今まで考えたこともなかった。なんだかすごく気になってきた！
というわけで、自分の知的好奇心を満足させるべく、休憩時間に調べてみることにした。

まずは百科事典で調べることにした。それで答えがわかれば儲けもの、わからなくてもイルカに関する基本知識は得られるはず。『日本大百科全書』[1]を使って調べることにする。カラーなので見ていて楽しい事典である。索引の巻で、イルカの項を見ると、「イルカ」「泳ぐ」「クジラ」の3カ所の項目にイルカに関する事柄が書かれていることがわかる。それぞれの項を調べたが、回答につながる記述はなかった。ただ、イルカはクジラの仲間で動物学的には両者に差はないことがわかった。一般に、体長4メートル前後以上の種類をクジラ、それ以下の小形種をイルカと呼んでいるらしい。へぇ～知らなかった。思わぬところで「トリビア」ゲット！　ということは、クジラに関する記述でもイルカに置き換えて考えることができる。

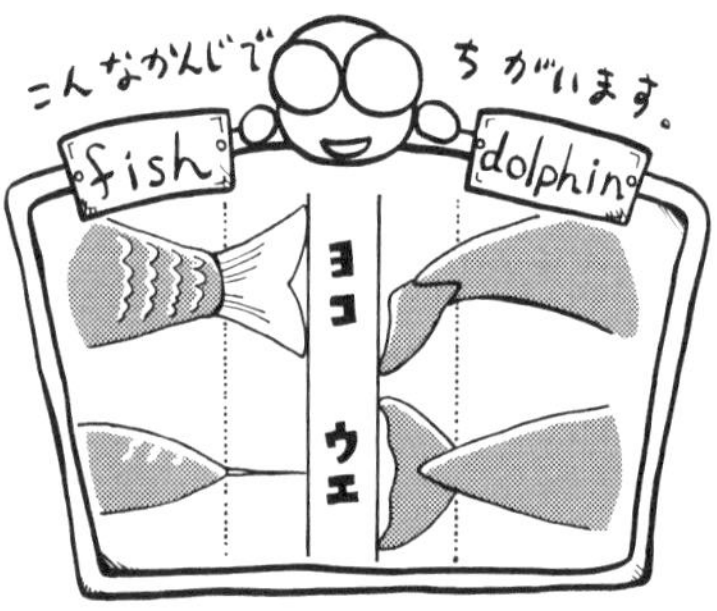

次に分類番号［48］（動物関係）の棚あたりをブラウジングして探すことにした。じーっと棚を見つ

めてイルカやクジラに関係がありそうな本を探す。

最初に手に取ったのは、『クジラ・イルカ大百科』[2]。きれいな写真がたくさん載っていてついつい魅入ってしまう。その中の1ページに、

「陸上にすむ哺乳類の仲間であるイヌやチーターが疾走するとき、彼らは体を上下にしならせて駆けていく。クジラの仲間が、上下に動かすことで推進力を得る水平の尾びれをもつようになったのは、この哺乳類特有の動きを受け継いだからこそである」と書いてあった。チーターが草原を走る姿とイルカが海を泳ぐ姿を並べてイメージしてみた。確かにそんな感じがしなくもない。

『クジラと日本人』[3]という本には、

「クジラは尾鰭を水平に伸ばして、早く水面に浮上できるようにしたり（水面に上がる必要のない魚類の尾鰭は体に垂直につく）……」と書いてあって、魚類との違いについても触れられていた。こちらの説もなかなか説得力がある。

調査の流れ

質問
↓
百科事典
↓
動物関係
↓
児童書
↓
回答

一つの説では満足せずに丹念な調査を。

『川に生きるイルカたち』[4]は『クジラと日本人』と同じ説をとっていた。

児童書でも探してみることにした。実際に子どもからの質問だったし、もしかしたらこの手の子どもの疑問に答える本があるかもしれない。児童コーナーの動物関係の棚に行き、子どもたちに交じって本を探す。

『イルカと泳ぎたい！』[5]という本を見つけた。

目次を見ると、今回受けた質問そのものズバリの項目を発見！

「イルカの尾びれはどうして横向き？」に「……イルカはエサを探しに深くもぐったり、空気を吸いに一気に水面にもどったりするため、尾びれが横向きについていて、これを上下にふって泳ぐほうがずっと楽なのです」とあった。児童書だけあって、記述がわかりやすい。子ども向けの本は難しいことでもやさしい言葉で説明してくれるので、とても助かる。

『イルカ　超音波をつかう海のなかま』[6]の見開きには、図入りで次のように説明がされていた。

「魚は尾ビレを左右にふって泳ぐが、イルカは上下にふって泳ぐ。息をすいに水面に出やすいためでもある」

調べたことをまとめると、イルカの尾が横についている理由としては、どうやら二つの説があるようだ。

①上下に体をしならせて走るという哺乳類特有の動きを受け継いだため
②水面に出たり、水中に潜ったりするのに容易であるため
私が調べた中では、②の説で記述している資料が多かった。

どの本も断定的な記述をしているけれど、本当のところはどうなのだろう？　実は①も②も間違っていて、驚くべき他の理由があったりして。

とりあえず、わかってスッキリした。せっかく調べたから、誰かに話さねば。

手始めにアルバイトの佐竹ちゃんを捕まえよう。

「ねえねえ、イルカの尾がなんで横についているか知ってる？　実はね……」

●主な参考資料

1『日本大百科全書』小学館
2『クジラ・イルカ大百科』水口博也著 ＴＢＳブリタニカ １９９８年
3『クジラと日本人』大隅清治著 岩波書店（岩波新書）２００３年
4『川に生きるイルカたち』神谷敏郎著 東京大学出版会 ２００４年
5『イルカと泳ぎたい！』中村庸夫写真・文 旺文社 ２０００年
6『イルカ 超音波をつかう海のなかま』倉橋和彦文 佑学社 １９８７年

格言

司書よ、好奇心を抱け！

日々の生活の中で「不思議に思うこと」は数多くある。その答えを探求せずにはいられない好奇心の強さは、司書としての資質の一つだと思う。

第5章

「文学や芸術のこと」を調べる

記憶の断片から和歌を調べる

「月々」で始まり、月がたくさん出てくる和歌の全文と作者を知りたい

伊予 高史

帰り仕度をしているところに、外線の電話がなる。

呼び出し音に、何か不吉なプレッシャーを感じる。

今日は、奥華子さんのライブがあるから、早く帰りたいのですが……。

といっても、自分の他に誰も事務室にはいないので、自分が電話を取らざるを得ない。

「もしもし、あかね市立図書館です」

「あの、ちょっと調べて欲しいことがあるのですが」

……ほらきた、やっぱりレファレンスの電話だ。どうかクイックレファレンス【注1】で済みますように。

「〈月々〉で始まって、月がたくさん出てくる和歌があるはずなんです。その和歌と作者を知りたいのです。よくわからないけど、昔から伝わっているわりと有名な歌だったと思うのですが。よろしく

ライブまで
時間が無いのに
手間取りそうな
レファレンス！
「月」がいっぱいの
和歌、ですか!?
早く終わらせたい
…しかし和歌と
いっても多種多様
どこから手をつけ
れば!?
ズウゥウーン
ええいっ！
もうテキトーに
この辺から！
お客様の疑問は
即解決
ライブにも間に合って
超ラッキー！
ツキが多いだけに
ツイてるぅ～♥
一発ヒット！
ってあったー!!!
月々に月見る
月見る月
なーんて、ね…
あぁ
これにも
のってない…
ハァ

お願いします」

……しまった、やっぱり複雑なレファレンスだった。せめて、急ぎのレファレンスではありませんように。

「できれば、今日中に調べていただきたいのですが。すぐにわからないでしょうか」

……はは。

「わかりました。ではお調べいたしますので、連絡先をお知らせください」

……受けてしまったものは仕方がない。ちょっと面白そうなレファレンスでもある。そういえば、占い好きの田中さんからも、「今日の伊予さんの運勢は悪そうだから、気をつけた方がいいですよ。ラッキーアイテムは電話です」なんて言われていたっけ。嘘。占いなんて関係ないっ。よし、気合を入れて調査するぞっ。

まず、「月々」だけの手がかりでインターネットを検索しても無駄な努力に終わりそうなので、昔から伝わる和歌といえば、これでしょ、の『新編国歌大観』【注2】をよっこいしょと見る。

『新編国歌大観』には、「月々」で始まる歌は散見するものの、月がいっぱい出てくる歌はなさそうだ。困ったな、『新編国歌大観』に出ていないとすると、かなりやっかいかもしれない。参考までにもう少し目を通していくと、「月ごとに」で始まる「月ごとに見る月なれど此月の今宵の月に似る月ぞなき」（天暦御製／村上天皇）なら『続古今集』に収録されているのですが、この歌ではないのかな。

ちょっと確認をしてみたいので、質問者さんに電話をする。

「そうそう、そんな感じの歌です。でも〈月ごと〉で始まった歌ではないです。〈月々〉です。そこは自信をもって言えます」

……残念、フライングしてしまったか。

「失礼しました。では、もう少し調べてみますので、お待ちください」

うーん、困ったなと、とりあえず参考図書コーナーの文学の棚のところに足が向く。並んでいる本のタイトルを眺めながら、和歌、和歌、短歌……狂歌、そういえば狂歌の可能性も捨てがたいか。

手に取ったのは『狂歌鑑賞辞典』[2]。……月、月、えーと、ありました。どんぴしゃり。

「月々に月見る月は多けれど月見る月はこの月の月」

よしっ、多分、これに間違いないであろう。

解説も出ている。「宮中の女官は、八月十五夜に芋を箸にさし、その穴から名月を眺めて、右の歌を吟ずる仕来たりであるという。月と突きの秀句を繰り返す」とあった。

調査の流れ

質問
↓
国歌大観
↓
狂歌
↓
言語
↓
回答

狂歌や言葉遊びの本に気付くかどうかがポイント。

作者は書いていないが、出典として、「夏山雑談3」と「一挙博覧2」があげられている。この2冊、果たしてうちの図書館で持っているだろうかと『国書総目録』（岩波書店）【注3】で調べてみると、いずれも『日本随筆大成』[3・4]に収録されていた。どちらも書庫の中にあるので、確認をしてみたが、作者については載っていない。

作者はわからないのかな、宮中のお月見とか関係するのかと、『古事類苑』（吉川弘文館）【注4】や分類番号［38］（民俗学）の棚を眺めてみるが、手応えなし。

歌の感じから、言葉遊び的な要素もあるかもしれない、と［81］（日本語）の棚も見てみることにした。何冊目かに何気なく『みっちゃんみちみち』[5]という本を開いてみたところ、この歌が出ていた。作者の手がかりは得られなかったが、同じ文句を並べていくのを「畳語」というのだそうである。

もう一冊と『言語遊戯の系譜』[6]という本を手に取ると、「文学遊戯としての畳語」という章があった。「月々に……」の歌もちゃんと紹介されており、それは『続古今集』の「月ごとに……」の歌を作り変えたものと書いてある。

その他、いろいろと発想して調べてみたが、作者については、どの本にも書かれていない。お月見の儀式の中で慣習的に用いられていたのか、最初に調べた村上天皇の歌が元になり変形しながら歌いつがれていたのか。

ずいぶんと、こちらの予定時間をオーバーしてしまったが、さっそく調べた経緯を電話で報告した。歌については、まさにこの歌を探していたとのことで、満足していただけたようだ。作者についてわからなかったのは残念がっていらしたが、宮中の女官がお月見に用いてきたということがわかって、納得していただいた様子である。

　よかった、よかった。

　さて、それこそ急いで帰らなくては。ああ、もうライブの開演時間には間に合わないかもしれないな……。

　事務室に戻ると、田中さんと目があった。

「田中さんの今日の占い、当たりましたよ」

「やっぱり、電話がラッキーアイテムでしたか」

「ええ、電話がラッキーアイテムでした……」

　そう自分に皮肉った途端に、また電話が鳴りだした。

　ううっ、今日はもう勘弁しておくれ。他のメンバーに押し付けるように、あわてて通用口から逃げ去った。

　頭の中に奥華子さんの「帰っておいで」の歌詞が流れる。

「はい、帰ります。失礼します」


【注1】手近な辞書をひけば、すぐに即答できるようなレファレンスを、クイックレファレンスと言います。

【注2】『新編国歌大観』とは、万葉集、勅撰二十一代集をはじめ、古代・中世の主要な私撰集・私家集・歌合・物語中の和歌などを網羅的に収録した歌集集成。索引から和歌を検索することができます。CD-ROM版も刊行されています。

【注3】『国書総目録』とは、江戸時代までに刊行された日本人による著作や編集・翻訳された書籍がどの図書・全集類に収録されているか、どこで所蔵しているかなどを記載した総合目録。

【注4】『古事類苑』とは、江戸時代までの日本のさまざまな制度や文物などを古典籍の引用をもとに載せた事典。

●主な参考資料

1『新編国歌大観』全10巻20冊 角川書店 1983〜1992年
2『狂歌鑑賞辞典』角川書店 1984年
3『日本随筆大成 第2期20』吉川弘文館 1974年……「夏山雑談」を収録
4『日本随筆大成 第2期8』吉川弘文館 1974年……「一挙博覧」を収録
5『みっちゃんみちみち』華房良輔著 月刊ペン社 1977年
6『言語遊戯の系譜』綿谷雪著 青蛙房 1964年

格言

袖振り合うも多生の縁

ふと手に触れたこの一冊、何かの縁だとめくっておこう。

最新の学説を求めて

ミロのヴィーナスの復元図が見たい

田中 弥生

毎朝、返却ポストに戻された図書を配架していると、常連の方が声をかけてくれることが多くなった。私もやっと図書館の一員になれた気がしてうれしい。お客様の朝の「おはよう」はビタミン剤みたい。一日の元気の源だ。今朝もSおばあちゃんと挨拶を交わし、頑張るぞ～と気合を入れていると、帽子を被った初老の男性に声をかけられた。

「ミロのヴィーナスの復元図を探しているんだが、ここの図書館でわかるかね？　家で古い写真の整理をしていたら、日本でミロのヴィーナスが公開された時の入場券が写真と一緒に出てきたんだ。日本初公開だったから、当時はかなり話題になってね。ヴィーナスの原形復元説がいくつかあるという話を聞いて、興味があったんだが、調べてみる時間がなくてそのままになってしまったんだ。チケットを見たらなんだか懐かしくてねぇ。今は時間もたっぷりあるし、調べてみようと思い立ったんだ」

へえ、ミロのヴィーナスが日本で公開されたことがあるのね。知らなかったわ。復元図があるとしたら、肢体があの美しさなんだから、腕や手もきれいなんだろうなきっと。私も見てみたいなぁ。

「さっき、書架でお客様にミロのヴィーナスの復元図が見たいと声をかけられたんです。レファレンス担当の石尾さんにお願いしようと思ったら、石尾さん今日出張でいらっしゃらないんです。どなたにお願いするのがいいのかわからなくて……。伊予さん、美術関係に詳しいですか？　旅行お好きみたいですけど、海外へもいらっしゃいます？」

「旅行は好きだけど、海外まではね。特別美術関係に詳しいわけじゃないけど、調べてみるよ。ミロのヴィーナスには僕もちょっと興味があるし、復元図見てみたいからさ。急ぎなのかな？」

「午後にもう一度来館くださるとおっしゃって先ほどお帰りになりました。ミロのヴィーナスは一九六四年頃に日本で初公開されているそうですよ」

「そう、僕が生まれる前だなぁ。きっとすごい人だっただろうね。じゃあ、早速調べてみるよ。午後までなら少し時間もあるから」

伊予さんは、美術関係の参考図書コーナーへ足早に消えていった。

「今回の調査、時間の余裕があって助かったよ。思ったより時間がかかってしまったんだ。田中さんも見たいといっていたから、復元図が載っている本と雑誌、持って来たよ」

「ありがとうございます。伊予さんが時間かかっちゃうなんて、復元の諸説があるという話は有名なんじゃないんですか？　公開当時は、話題になっていたとおっしゃっていましたよ」

「僕も復元図は美術辞典ですぐに見つかると思ったんだ。それが、『新潮世界美術辞典』（新潮社）にも『オックスフォード西洋美術事典』（講談社）にも発見時の記録やルーブルで所蔵してるということは書いてあるんだけど、復元の話はまったくなくて、やっと『西洋美術辞典』[1]に左手に林檎をささげていたという記述が見つかったんだ。でも残念ながら復元図はないし、他の説はわからない。しかたないから辞典類は諦めて、美術全集の解説には復元の記述があるかもしれないと思って、全集にあたってみたんだ。そしたら、『世界美術大全集　西洋編　第4巻』[2]の解説の中に〈右腕は腹部を横切っ

て下にのばし……（中略）左腕は高く左方向に上げて、美神アフロディテのシンボルである林檎を持っていたか、あるいは楯を持ち……〉とあるんだ。アフロディテってヴィーナスのことなんだけどさ。

さっきの辞典の記述をあわせると、少なくとも2説はあることがわかったんだけど、やっぱり復元図はないんだよね。後は、ルーブル関係の資料にあたるしかないから、〈ルーブル〉でOPACを蔵書検索したら、意外とたくさん資料があって、それなりに時間がかかったんだ。でも、その中のひとつ[3]『世界の博物館 10 ルーブル博物館』に、〈『ミロのビーナス』をめぐる謎〉（富永惣一）という論説があって、その章に二つの復元図と三つの復元説が載っていたんだ。

1 ドイツの美術史家フルトウェングラーの説。左手を支柱にのせ林檎を持ち、右手は体の前で衣を掴んでいる。

2 イギリスの医師タラルの説。支柱の代わりにヘルメの胸像を立て、左手は横に伸ばして肘を曲げて上げ、右手は衣を掴んでいる。

3 イギリスのミリンジェンやフランスのクララック伯、ドイツのミューラーなどが支持した説。軍神アレス（ヴィーナスの伝説上の配偶者）とともに楯を持ってその楯を眺めている。（この説には復元図なし）

この3番目の説が一番支持されているらしいけど、決め手はなく定説にはいたらないと記述があるんだ。

でも、この本は一九七八年の出版でちょっと古いから、もし新たな学説が出ているとしたら、そちらも紹介する必要があるだろうと思って雑誌も調べてみたんだ。学説を調べるんなら図書より雑誌の方が情報が早いから。

それで国立国会図書館のホームページで〈雑誌記事索引〉を引いてみたんだけど、ヴィーナスの復元説が載っていそうな新しい記事はほとんどないんだ。「ミロのヴィナスの片腕」（一九五五年）、「ミロのヴィーナスに対する美術解剖学的考察」（一九六七年）と古いし、所蔵もしてないし。唯一[4]「博物館への旅 ②ミロのヴィーナス（ルーヴル博物館）芸術新潮31巻 2号（一九八〇年）」だけ所蔵していて、芸術新潮は写真や図版の多い雑誌だからもしかすると復元図も載っているかもしれないと、あたってみたんだ。ビンゴ！ 五つの復元図が載っていたんだ。重ならない4説（図）は以下のとおり。

4　イギリス彫刻家ベルの説。ヴィーナスは両手に勝利の花輪を持っている。

5　スイス人サロモンの説。右手は台にのせ鳩をもち、左手に林檎をもち、鳩に林檎を食べさせようとしてる。

調査の流れ

質問
↓
参考図書
↓
ルーブル博物館
↓
雑誌
↓
回答

ルーブルという視点でとらえられるか。最新情報を押さえられるか。

6　ポーランド解剖学者ハッセルの説。腰布を右手でつまみ、左手で髪の束を掴んでいる。

7　ドイツの彫刻家ストラッセン説。軍人マルスの傍らにたち、右手でマルスの右腕を抱き、左手をマルスの肩に置く。

諸説あるとは聞いていたけど、こんなにたくさん復元説があるとは思わなかったよ。雑誌を調べてみて、複数の復元説と復元図が見つかったのはラッキーだったんだけど、最近の学説という当初の目的はかなわなかったんだ。それで、最近出版されたルーブル関係の資料にもあたってみたら、『ルーヴル美術館 別冊太陽』[5]に〈右手を体の前で左腰まで交差させ、左手を伸ばすというのが有力な説〉という記述が見つかったんだ。復元図はないんだけど、最近の有力説だからね。結局淘汰されてシンプル型の説が残っているみたいだよね。うちにある資料で調べられるのはこのくらいだから、調査を一応終了したんだ。当時の展覧会図録をどこかで所蔵していたら、それには他の復元図が載っている可能性もあるとは思うんだけど、今回は六つ復元図を紹介できればいいかなと思って。

それから調べついでに、当時の新聞記事も見てみたんだ。復元説は載っていなかったけど、ミロのヴィーナスの人気はすごかったみたいだよ。観覧者の数も十数万人で半端じゃないけど、著名人がヴィーナスについての連載記事を書いていたりして。ちょっとしたフィーバーが起こっていたみたいだね」

「伊予さんはご存じないかもしれませんが、モナ・リザが来た時だってすごかったんですから。よかったですね、復元図が六つも見つかって。きっと喜ばれますよ。でも、この復元図と比べると、腕のないミロのヴィーナスのほうが完成形のように思えてしまうのは不思議ですね」

●主な参考資料

1『西洋美術辞典 改訂7版』東京堂出版 1964年
2『世界美術大全集 西洋編 第4巻』小学館 1995年
3『世界の博物館10 ルーブル博物館』講談社 1978年
4『芸術新潮31巻 2号』1980年
5『ルーヴル美術館（別冊太陽）』平凡社 2005年

格言

一粒で二度おいしい

興味のある調査を依頼されて、自分でも疑問に思っていたことが解明でき、お客様にも感謝されるレファレンスのことをいいます。いつもこんな調査だといいんですけどね。

音楽のもとになった話を探す

ラヴェル作曲のバレエ組曲「マ・メール・ロワ」のもとになった話がいくつかあるが、その中の「緑色の蛇」を読みたい

石尾 里子

暖かな午後、遠くに見える海は穏やかで山には桜のピンク色も見える。珍しくレファレンスカウンターはとても静か。今のうちに書架整理にいこうかなと立ち上がって伸びをした矢先、児童コーナー担当の木崎さんがやってきた。

「童話の調査なんですが、児童コーナーでは見つかりそうにないので、そちらでお願いできますか?」

「今、ちょうどすいているから大丈夫。どんな内容なの?」

「〈緑色の蛇〉という童話をお探しです。マザーグースらしいのですが……」

児童コーナーには一般用の調べ物の本は置いていないし、いつも混み合っているので、すぐにみつからない場合はレファレンス担当が引き継ぐこともある。

まもなく木崎さんがゴージャスなマダム風の女性を案内してきた。木崎さんはこれからおはなし会

が始まるので、調査の経過を引き継ぐとあわてて戻って行った。

ここで、再度ご本人から何を求めているのか伺うことにする。

「私が探しておりますのは、ラヴェルの「マ・メール・ロワ」。英語で言いますとマザーグースのなかに入っております『緑色の蛇』ですの。今度ピアノで演奏するのでお話を読んでイメージを広げようと思いまして」

「あの、バレエ組曲の?」

「そうそう、バレエにもありますわね。私が弾くのは原曲のピアノ連弾の方ですが」

そういうことか、マザーグースでは見つからないわけだ。ラヴェルの「マ・メール・ロワ」と言えばバレエ音楽として有名な曲で、人気マンガ『のだめカンタービレ』(二ノ宮知子　講談社)でも千秋が「マ・メール・ロワ」の「美女と野獣の対話」を指揮していたなあ。でも、「緑色の蛇」なんて曲あったかしら、などと思いながら調査開始。

まずは、音楽の事典からあたってみる。『ラルース世界音楽事典』[1]「マ・メール・ロワ」の項には、かなり詳しい説明がある。「マ・メール・ロワ」は五つの曲「眠りの森の美女のパヴァーヌ」「おやゆび小僧」「パゴダの女王レドロネット」「美女と野獣の対話」「妖精の国」で成り立っており、3曲目の「パゴダの女王レドロネット」の着想のもとが、ドーノワ夫人の「緑色の蛇Serpentin vert」とあった。作者名と作品名がわかったところで次へ進む。

この作品が載っている本を探すため、インターネットで国際子ども図書館の児童書総合目録を検索することにする。著者名に「ドーノワ」を入れると数件ヒットしたが、「緑色の蛇」が載っている本は見あたらない。タイトルに「緑」「蛇」を入れて検索してみると「緑色の蛇」が収められている本が1冊見つかった。

『仏蘭西家庭童話集 第二巻』[2]、著者の原綴はAulnoyで、国会図書館と東京都立多摩図書館が所蔵していることがわかった。

なぜドーノワで見つからなかったのか、それは著者の表記がドルノア夫人となっていたから。外国人の表記にはいつも悩まされる。想像力を働かせて思いつく限りの読み方で探さなくてはならないのだから。オーノア（ワ）・ドーノワ（ア）・ドルノア（ワ）・Aulnoy……ふー。

結局、今回は国立国会図書館や東京都立図書館のOPACでも他の本は見つからない。洋書は大学図書館で所蔵しているところがあったが、とても古そうで借用できそうもない。発想を変えて、今、入手できる本を探してみることにする。インターネット書店の〈Amazon.co.jp〉の洋書検索で「Aulnoy」

を入れてみると、随分たくさんヒットした。欧米では今でも読み継がれている作家なのだろう。『The Fairy Tales of Madame D'Aulnoy』(Univ.Pr.of the Pacific 2003)には「Green Serpent」が収められているようだ。そろそろ回答の潮時かな、と熱心に音楽事典を読みふけっているお客さんに声をかける。

「お待たせしました。日本語の本は戦前のものしか見つからず、この近くでは持っているところはありませんでした。英語でよければ当館にはありませんでしたが購入できるものならありますが」

「英語で全然問題ないわ。自分で買いたいので教えてくださいな」

こうして調査終了。帰り際にマダムは、

「音楽の事典があるなんて知らなかったわ。また調べにきますわ」

調査の流れ

質問
↓
音楽の事典
↓
所蔵検索
↓
回答

外国人名の場合、表記のパターンを考えて検索する。

とにこやかに一言。レファレンス・サービスを知ってくれた人がいていい一日だったな。今日は帰ったら久しぶりにラヴェルを聴こう。「亡き王女のためのパヴァーヌ」とかね。

●主な参考資料

1『ラルース世界音楽事典 下』福武書店 1989年
2『仏蘭西家庭童話集 第二巻』改造社 1930年

格言

何はなくても想像力

外国人の表記や翻訳書のタイトルは本当にまちまちです。想像力を駆使してあれこれ入れてみることが大切。だって、ゲーテがギョエテですものね。

無いことを証明するのは難しい

宮部みゆきさんの本に登場した「うそつくらっぱ」という児童書を読みたい

木崎 ふゆみ

ブックポスト返却本【注1】の処理に追われているうちに、開館時間になってしまった。児童コーナーの展示本のストック補充をしておかないといけなかったな。今回は、アルバイトの佐竹さんにナイスなポスターを作成してもらったので、ご満悦の児童コーナー担当である。展示コーナーで作業をしていると、常連のKさんがやってきた。

「うちのおじいちゃんが〈うそつくらっぱ〉という本を読みたいって言っているんですけど、探してもらえませんか？　子どもの本だというので、蔵書検索したけど見つからなくて」

〈うそつくらっぱ〉？　聞いたことがないな。

「短編かもしれませんね。誰が書いたものか、わかりますか？」

「それは聞いてこなかったけど、宮部みゆきさんの本で紹介されていたんですって。その本の名前も忘れたと言ってるんだけど、それでも探せる？」

そりゃもう、受けて立ちましょう。別に急ぎの調査ではないということなので、時間をいただいて調べてみることにする。

念のため、ＯＰＡＣで「うそつくらっぱ」や「うそ」「らっぱ」の掛け合わせで蔵書検索してみる。やはりヒットせず。「宮部みゆき」と「らっぱ」の掛け合わせもダメ。

宮部みゆきさんならファンも多いので、インターネットで何か情報が得られそうな予感がする。児童書ということなら、「うそ」はひらがなで、「らっぱ」はひらがな、あるいはカタカナだろうか。日本語は複数の表記が可能なので、キーワードを選ぶ時はいろいろ試してみないと漏れが出てしまう。書名も教えてもらったけど、言葉をばらして検索した方が見つかる可能性が高くなるだろう。

「うそ」「らっぱ」「宮部みゆき」で〈Google〉で検索してみると、『淋しい狩人』[1・2]という小説に、「うそつき喇叭《らっぱ》」という短編があることがわかった。「うそつくらっぱ」じゃないけど、多分この話のことと思われる。この本で良いか、後でご本人に確認しよう。

『淋しい狩人』を見てみると、古本屋の主人と高校生の孫が、本をめぐる謎を解いていく連作短編集だった。作中に登場する児童書をそのまま短編のタイトルにしたのが「うそつき喇叭」。あらすじがかなり詳細に書き込まれ、昭和三十年発行とまで明記されているが、著者や出版社についての記述はない。昭和三十年発行となると、当館所蔵の可能性はないかも。

まずは、インターネットで国際子ども図書館のホームページにアクセスし、〈児童書総合目録〉を調べてみる。戦前資料も含め、短編のタイトルやあらすじからも検索ができる、児童書関連の調査を

調査カード

質問要旨	『うそつくらっぱ』という本を読みたい。 宮部みゆきの本で紹介されていた。 （口答・電話・ＦＡＸ・手紙・メール）
調査記録欄	所要［　60分］
例 探索方針▼調査経緯▼	① OPACで検索　「うそつくらっぱ」「うそ」「らっぱ」「宮部みゆき」　ヒットなし ② インターネットで検索 (google)「宮部みゆき」「うそ」「らっぱ」 『淋しい狩人』(新潮社)に "うそつき喇叭"という短編あり → ○月△日 依頼者にタイトルを確認 ○ 昭和30年発行の児童書とある ③ 国会図書館HP「児童書総合目録」　ヒットせず ④『児童文学全集 内容綜覧 作品名綜覧』日外アソシエーツ (1995) ⑤『児童文学テーマ全集内容綜覧 日本編』日外アソシエーツ (2003) ⑥『児童文学書全情報 51/90』日外アソシエーツ (1998) ⑦『日本児童文学大事典』大日本図書 (1993)　（④〜⑦）× ⑧『淋しい狩人』単行本・文庫本あとがき　× ⑨『小説新潮 1992年6月号』　× ⑩ インターネットサイト「大極宮」　×
回答要旨	"うそつき喇叭"についての出版情報は見つからず ×月□日　依頼者に連絡済
感想・備考	ヘルプを出して複数で調査にあたったが回答に至らなかった 作者の創作の可能性もある。

行う人の心強い味方だ。

しかしながら、「うそつき喇叭」の検索結果はゼロ。念のため「らっぱ」のみでも検索してみる。かなりの作品がヒットしたが、「うそつき喇叭」はなし。

ならばと、当館で所蔵している児童文学関係の参考図書にもあたってみることにする。

『児童文学全集 内容綜覧作品名綜覧』日外アソシエーツ 一九九五年

一九四五（昭和二十）―一九九四（平成六）年に国内で刊行された、個人全集を除く、日本児童文学の全集類の内容を収録。

『児童文学テーマ全集内容綜覧 日本編』日外アソシエーツ 二〇〇三年

一九四五（昭和二十）―二〇〇三（平成十五）年に刊行された日本の児童文学全集・叢書類のうち、特定のテーマ（SF、推理、動物文学、民話など）の下に編集されたものを対象にした内容細目集。

『児童文学書全情報1951～1990』（全3巻 日外アソシエーツ 一九八八年）

日本国内で図書として刊行された児童文学に関する研究書と作品を翻訳も含めて収録。『1991～1995』『1996～2000』版もある。

『日本児童文学大事典』（全3巻 大阪国際児童文学館編 大日本図書 一九九三年）

日本の児童文学だけでなく関連する分野の人物・事項について収録した児童文学事典。索引をチェックしていると、川波係長がいつぞや騒いでいた『ペスよおをふれ』が目に入った。助けてペス！でも、「うそつき喇叭」は出てこない。

行き詰まってきたので、同じ児童サービス担当の富士さんにも、調査をお願いする。

さて、私も視点を切り替えて調査を続けよう。現場百回、司書も原典に戻るべし。

『淋しい狩人』の単行本と文庫本の後書きや解説を再度見直す。古書店のモデルの話は出てくるものの、「うそつき喇叭」については記述がない。この話の初出は、『小説新潮』一九九二年六月号とあったので雑誌にあたるが、こちらにも手がかりなし。宮部氏の公式サイト〈大極宮〉をチェックするも情報なし。

むむむ、これは作者の創作という可能性が強くなってきたぞ。小説の中で出てきた作品を読みたいというレファレンスは少なからずあるのだが、それが架空の作品であることも、これまた少なからず

調査の流れ

質問
↓
出典の確認
↓
他館の蔵書検索
↓
参考図書
↓
回答

仮に「なさそう」であっても、納得のいくまで調査をすすめる。

あるのだ。後書きなどで、「架空の物語です」と一言記してもらえると助かるのですけどね（図書館が）。架空でないなら、出典の明記を推奨したいところであります。

調査方法も出尽くした感となり、富士さんの状況を伺うと、「探せなかったわ。ごめんなさい」と恐縮されてしまった。うう、こちらこそ自力で対応できなくてすみません。

「ある」ことの証明は、回答を見つけることで終了するが、「ない」ことの証明は難しい。『淋しい狩人』には、山本周五郎の『赤ひげ診療譚』やバリンジャーの『歯と爪』といった、実在する本も登場するので、なおさら不安。

「とにかく、二人で調査した範囲では〈なかった〉ということで回答することにしよう。どうしても知りたいということであれば、作者か出版社に直接問い合わせるしかない」

Kさん宅に電話する。依頼者ご本人が電話口に出られたので、経過を報告し、調査の範囲内では、出版の事実を確認できなかったこと、ただし本当に「出版されていない」のかは、作者ご本人に確認しないとわからないことをお伝えした。

「そこまでしなくてもよいでしょう。ご苦労さまでした」と笑っておっしゃってくださったが、「うそつき喇叭」、この世の片隅でひっそりと存在しているような気がして落ち着かないのでありました。

【注1】 開館前・閉館後や休館日にも図書館資料が返せるように、出入口の近くに返却口を設置しています。開館前に

ここに返された本の返却手続きをするのが、朝のお仕事の一つです。

●主な参考資料

1　『淋しい狩人』宮部みゆき　新潮社　1993年
2　『淋しい狩人』宮部みゆき　新潮社（新潮文庫）1997年

格言

言うは易く調査は難し

おっしゃることはよーくわかりますが、それを調べるのは難しいかも。

思い込みにとらわれず

「おめでとう」をいろいろな方言で言っている現代詩を探している

伊予 高史

一年中、あわただしく活動しているあかね市立図書館であるが、十二月に入ると図書館も自分の気持ちも、あわただしくなってくる。年内の調べものを来年に持ち越したくないからか、あるいは年末年始にじっくり調べものをしようとするからか、レファレンスの件数も、いつもの月より多くなっている気がする。でも、そんなにぎやかで、ざわざわした気分は嫌いではないんだけどね。

さて、そうした折、レファレンス用のメールをチェックしたところ、レファレンス依頼が数件入っていた。その中で最初に目についたのが、「至急です。現代詩を探しています。〈おめでとう〉を日本のいろいろな方言で言っているものです。私の記憶では神沢利子さんだったのですが」といった内容。年賀状にでも使うのかな。

こんなのインターネットで簡単にわかりそうなものだ。と、たかをくくって、インターネット検索へ。「神沢利子」「おめでとう」などとキーワードをやりくりして検索してみるが、何の成果もあげられず、残念。

それでは自館で所蔵する神沢利子さんの本でも見てみようと、OPACで蔵書検索してみたところ、『おめでとうがいっぱい』（のら書店）という本を発見。へへへ、誰がどう考えてもこれに違いない。

さっそく、書架に一直線に向かい『おめでとうがいっぱい』を開いてみるが、そんな方言の詩は、どこにも出てこない。おかしいな、と2、3度、念入りにめくってみたが、出てこないだけでなく作風もかなり違うような気がする。同じ棚にあった神沢利子さんの本を何冊かめくってみるが、該当する詩は出てこないし気配もない。

せっかく詩の本のコーナーにいるので、神沢利子さん以外の詩集も拾い読みしていく。方言の詩が出ていそうな本は、ある程度限定されているような感触だ。

……方言の詩か、方言といえば、川崎洋さんの方が近そうだな。川崎洋さんと神沢利子さん、まったく作風が違うけど、川崎洋さんの方にもあたってみよう。川崎洋さん自身が作者でないかもしれな

調査の流れ

質問
↓
インターネット
↓
神沢利子
↓
川崎　洋
↓
回答

作風として川崎洋さんの方が近そうだと考えられたのがポイント。

いけれど、その本の解説で紹介されているとか、なにか手がかりくらいは見つかるかもしれない。

今度はOPACの蔵書検索で「川崎洋」と入れてみた。著書多数の中に、『おめでとうがいっぱい』（フォア文庫 岩崎書店）という、先ほどと同一書名の本が見つかった。半信半疑だが現物を確認しようと思ったところ、無情にも「貸出中」の表示が。

川崎洋さん（共著）の『おめでとうがいっぱい』にどんな詩が掲載されているのかを確認するため、他の本にも同じ詩が収録されていないか調べていくことにする。その前に、「川崎洋 方言 おめでとう」をキーワードにしてインターネットで検索したところ、わりと簡単に「祝詞」という詩のあることが判明。目的どおり各地の方言で「おめでとう」を詩にしたものだそうだ。出典は『祝婚歌』（山梨シルクセンター）という本になっていた。

『祝婚歌』は当館に所蔵がなかったが、そこそこ知られているような詩であるし、ほかの川崎洋の作品が出ていそうな詩集にも収録されている可能性を考え、現代詩人の作品集を片っ端から見ていくと、[1]『目でみる日本の詩歌 第13巻 現代の詩3』の中に「祝詞」発見！

「おめでと、おめでとがんす、おめでとがす、おめでとござりすた……（以下略）」など各地の「おめでとう」の方言を並べてある。解説もついていて、それぞれがどこの地域の方言なのかもわかるよ

うになっていた。

結局、メールのレファレンスには、神沢利子さんではなく川崎洋さんの「祝詞」という詩が「おめでとう」の方言詩と一致したこと、当館でも「祝詞」を収録した詩集は所蔵していることを回答した。

数時間後、いただいたメールによると、神沢利子さんは勘違いであったことを含め、川崎洋さんの「祝詞」こそ一番知りたかった詩に該当するので、すぐに来館する旨が書かれていた。

おめでとうございます。


後日、貸出中であった『おめでとうがいっぱい』を確認したところ、なんと「祝詞」は収録されていなかった。この本が貸出中であるから、ほかの川崎洋さんの詩集を調べていったので、最初にこの本に収録されていないことが確認できていたら、調査は止まってしまっていたかもしれない。調査の手順は偶然にも左右されるのだ。

●主な参考資料

1『目でみる日本の詩歌 第13巻 現代の詩3』TBSブリタニカ 1982年

格言

我思う、故に資料あるかも

ひらめきにも理由があります。「こんな本出ているかも」とイメージしたら、直感を大切にして、半信半疑でも見ておこう。

手がかりから文献を調べる

「吉田精一 源氏物語と現代小説 昭和二十四年十月」を読みたい

田中 弥生

今日は、初めてのお昼のカウンター当番。図書館の仕事にもだいぶ慣れてきたので、今月からお昼のカウンター当番に組み込まれることになった。通常、お昼のカウンターは職員とアルバイトの二人だが、今日は私の指導に川波係長が入ってくれることになった。

最近は、起業を志している若者や、調べものをしている中年男性の姿を日中でも多く見かけるようになったが、幸い今日は比較的空いていてお昼でもあまり忙しくない。

お昼のカウンターでは、簡単な調査依頼を受けることもあるので、川波係長から依頼を受けた時の確認事項や、電話の対応などを教えてもらい、メモの取り方を習う。その後、カウンターのパソコンで利用可能なデータベースの種類と特徴を教えてもらっていると、事典の使い方がわからないという大学生に声をかけられた。

「ちょっと行ってくる。すぐもどるから」と川波係長は参考図書コーナーへ大学生と一緒に行ってしまった。貸出・返却をこなし、ほっとしているところに電話がなった。

「源氏物語と現代小説」という論文を探しているという女子大生からだった。今日中に論文を入手したいが、論文名の他は、著者名（吉田精一）と発行年（昭和二十四年十月）しかわからず、掲載誌名や巻号はわからないということだった。すぐに探してみるが、うちで所蔵していない場合には、他の図書館を紹介することを伝え、連絡先を聞き電話を切った。

川波係長をしばらく待ってみるがなかなか戻ってこない。電話の様子では急いでいるみたいだったので、とにかく自分でできるところまでやってみることにしよう。

国文学関係の論文を探すなら、〈国文学論文目録データベース〉（国文学研究資料館）【注1】が、無料だし、収録範囲が広いと教えてもらったばっかりだから、早速トライ。無料なら怖くない。

最近はデータベースなんて便利なものができたもんねぇ。私が学生の頃は論文を探すには、分厚い雑誌記事の索引を引いたんだけどな。手間も時間もかかって大変だった。でも、本のよいところは、テー

マごとに論題が集められているから、ひとつ見つかるとその前後には使えそうな論文がまとめて載っていたりして、うまいキーワードが思いつかなくても、そこそこ探せたってことかな。

源氏物語だとたくさんヒットしそうだなぁ。研究者も多そうだし、巷でも流行っているみたい。数年前には映画にもなっていたよね、確か。取りあえず著者名「吉田精一」と「現代小説」を掛け合わせて検索してみよう。ノーヒット。あれ？　何か情報が違うのかな？　じゃあ、「吉田精一」と発行年「一九四九年」。やっぱりダメ。しかたない「源氏物語」と「現代小説」。これもダメ。うーん、何で探せないの？

私がデータベースと格闘していると、参考図書を数冊抱え川波係長が戻ってきた。良かった。戻ってきてくれた。

「参考図書コーナーで他の調査を頼まれて、時間がかかってしまった。カウンターは大丈夫でした

調査の流れ

質問
↓
データベース
↓
各図書館のOPAC
↓
所蔵確認
↓
回答

データベースやOPACの特徴を知って使いこなす。

か?」

早速、電話で受けた調査依頼の内容と自分が行った検索結果を報告する。

「教えていただいた〈国文学論文目録データベース〉で探せないんです。いろいろな組み合わせでやってみて、やっと同じ著者の「源氏物語と近代文学」という論文がヒットしたんですけど、一九五一年で発行年も違うし論題も微妙に違うし……。何が間違っているんでしょうか?」

「〈国文学論文目録データベース〉の〈Q&A〉は見ましたか? 収録年と収録資料の範囲は合っていますか?」

「あっ、収録年と収録資料の範囲を確認するのを忘れていました。いま見てみます。収録年は大正・昭和・平成だからOKです。資料の収録範囲は雑誌・紀要・単行本(論文集)等となっています」

「このQ&Aに〈論文がDB(データベース)に載っていない〉という項目があるけど、これは確認しましたか? 昭和十六年から昭和三十七年の収載範囲は雑誌だけとなっていますね。じゃあ今回、図書のほうの検索はできてないわけですから、国立国会図書館のOPACで蔵書検索してみよう。まだやっていないよね?」

「えっ! 国立国会図書館のOPACですか? 検索していません」

「いま聞いたところでは、〈国文学論文目録データベース〉での検索漏れはないみたいだから、図書に収録されている論文の可能性が高そうだ。論文が全て雑誌に発表されるとは限らないからね。もしかしたら、〈源氏物語と現代小説〉は書名ということもある。国立国会図書館のOPACは、目次の内容から検索できるものもあるから、この論文も探せるかもしれないし、書名だったらもっと簡単に検索できる。国立国会図書館でヒットしなかったら、東京都立図書館のOPACでも蔵書検索してみよう【注2】。その次は、著者の全集とか著作集を探すことになるかな。ここまでやっても探せない場合には、文献情報を疑ってみる必要があるね」

「すみません。論文が図書に入っていることを考えませんでした。国文学専門のデータベースだから何でも検索できると思ってしまって。ひとつのデータベースだけで万全というわけにはいかないんですね。年代によっても資料の収録範囲が異なるし」

国立国会図書館のOPACで「吉田精一」と「現代小説」の掛け合わせ検索をすると、9件ヒットした。「源氏物語と現代小説」という書名のものはなかったが、その中のひとつに、『源氏物語講座 上・中・下巻……1949』とあるので詳細をみてみると、所蔵情報の下部に、「内容細目」があり、中巻「源氏物語と現代小説（吉田精一）」とある。やった！ さすが川波係長。私が見つけた「源氏物語と近代文学」は別の論文なんだ……。早速うちのOPACで蔵書検索してみるが、残念ながら所蔵していない。

「係長のおっしゃったとおり、図書に収録されている論文でした。でもうちでは所蔵していません。昭和二十四年（一九四九年）の発行だと、県立図書館とかじゃないと持っていないですかねぇ」

川波係長に国立国会図書館の検索結果画面をみせると、

「ここに載っている他の図書情報も見てみました?　この『古典日本文学全集 第6』[2]は、確かうちでも所蔵しているはずだけど」

「でもこの本、昭和三十七年（一九六二年）の刊行で、該当のものと刊行年が違います」

「論文が全集に再録されることは時々あるから」と川波係長は、検索結果一覧の中から『古典日本文学全集第6』を選んで詳細表示をあけた。

「ほら内容細目に同じ論文名・著者で載っているでしょ。現物を確認してきてください」


　こちらから電話をかけようと思ったら電話がなった。以心伝心?　先の女子大生だった。

「はい、田中です。先ほどの件ですね。『源氏物語講座 中巻』に収録されている論文のようです。この本は所蔵していませんが、『古典日本文学全集第6』に再録されていて、こちらを所蔵しています。貸出カウンターに取り置きました。この論文の末尾に昭和二十四年十月とありますので、お探しのものだと思います。……はい。お待ちしています」

「よかったですね、田中さん。うちで所蔵していて。せっかくだから田中さんが見つけた論文も紹介してみてはどうですか?」

「そうします。係長、今日はいろいろご指導ありがとうございました。お客様もとっても喜んでくださいました。でも、もう少しで県立図書館を紹介してしまうところでした」

「お客様の時間をできるだけ節約して、有用な情報提供するのが私たちの仕事だから。今回のケースは最初から図書に収められた論文でしたが、雑誌に発表して、その後論文集に再録されたり、著作集に再録されたりすることは多いんですよ。新聞小説が単行本になって、全集に入ったり文庫本になったりするように。複数ヒットした場合でも、一応全ての図書情報を確認してみることが大切なんです」

この後、川波係長にデータベース検索の注意点を教えてもらった。利用するデータベースによって検索の方法や収録範囲が異なるので、最初に利用の手引きやQ＆A・凡例を必ずみること。そして、そのデータベースの特徴をよく把握し、的確にデータベースを選び、自分の時間も節約すること。

「でもね、田中さん。利用の手引きやQ＆Aを見ただけでは、実はわからないこともたくさんあります。検索を繰り返していく中で、なぜヒットしなかったか、あるいはどの箇所を検索してきたのか、データはどのように記述されているのか等を確認して、経験的にわかっていくことも多いのです。だから失敗は気にせずに、これからも積極的にいろいろなデータベースを利用してみてください」

それにしても、思い込みってダメなんだな。それだけで視野が狭くなっちゃうし、探せるものも探せなくなっちゃう。気をつけなくちゃ。日々反省だけど、「ありがとうございました」って言われるのはとってもうれしい。人の役に立っているって実感できる瞬間だもんね。図書館の仕事って意外と楽しいかも。ようし、午後も頑張ろう。

【注1】国立機関である、国文学研究資料館作成の論文目録。古典から近代までの国文学論文を幅広く収録しています。

【注2】収録作品名、収録論文名からの検索が可能で大変便利。ただし、東京都立図書館（中央・日比谷・多摩）の所蔵資料のみ。

●主な参考資料

1『源氏物語講座 中巻』東京大学源氏物語研究会編 紫乃故郷舎 1949年
2『古典日本文学全集 第6 源氏物語（下）』筑摩書房 1962年。1965年に普及版がでている。

格言

明日は明日のレファレンス

今日はうまくいかなくても、明日には別のレファレンスがきます。失敗にめげないで、前向きに明日も頑張ろう。

第6章「社会や時事のこと」を調べる

多面的に調べていこう

国賓の待遇について書かれたものはないか？

川波 太郎

今日は朝から雑誌担当の横道さんと書庫にこもって雑誌の整理である。欠号を確認しながら並べなおし、古いバックナンバーを梱包していく。地味で暗い仕事である。

1時間以上続けるとさすがに腰が痛い。残りは横道さんに任せ、事務室に戻って愛用のマグカップにコーヒーを注ぐ。自分の机に座ると、本宮さんが近寄ってきた。本宮さんは今年採用されたばかりであるが、学生時代に図書館学を専攻してきた経歴の持ち主で、ここ数カ月の経験でめきめきと力をつけてきた期待の新人である。

「さっきカウンターで受けたんですけど、来日する国賓の待遇についての質問がありまして」

聞けば、質問者は六十歳過ぎと思われる男性であったという。

「待遇って、どういう事柄を調べて欲しいかを聴いたかい？　質問者がどんな回答を、いつまでに欲しいのか、その場で必ず確認することが大切だよ」

本宮さんは手元のメモを見ながら「ええと、国賓は迎賓館に泊まるのかとか、国王と大臣では待遇は違うのかなどを調べて欲しいという質問でした。カウンターが混んでいましたし、即答も難しそうなので、一旦お預かりすることにしました。今日の夕方までに調べて欲しいそうです」

新人とはいえ、この辺の基本はしっかり押さえていると思う。

「本宮さんはどういう方法で探そうと思っているの？」

「要人の来日は日常的にあるわけですから、その都度決めるのではなくて、このランクの人ならこの

晩餐会は国賓だけなんですねー
公賓は昼餐会… お昼ごはん？
へぇー意外なわけ方
そういや知ってるかい？
晩餐会は必ず3回行われるんだよー
えっそうなんですか？
なぜなら…
"晩3回"だからとか言ったら軽蔑しますよ
で、なんですか？
あの、その…噂？みたいな……

くらいの待遇というルールが決まっていると思うんです。国の行事ですから、何か法律みたいなもので決まっているのではないかと思うんですが……」

「本宮さんはまず法律関係の棚から探そうと考えているんだね。でもその前に、〈国賓〉という言葉が正しい用語なのか、どのような時に使われるのかなどをまず百科事典で確認してから調査を進めた方が良いと思うよ。それから、法令を探すならウチの館では『現行法規総覧』[1]にあたれば現在の法律や条約、政令、府令、省令、規則等が一覧できるけど、インターネットにもあたってください。電子政府の総合窓口には〈法令データ提供システム〉があるよ。多分、法律書だけでは十分でないと思うけど、まずはそのルートから調べてみよう。途中で報告してください」と指示をする。

本宮さんが分かりました、と足取り軽く事務室を出て行った。

書庫に戻ってみると横道さんはすでにいなくなっていた。さっきの質問は本宮さんに任せたが、あまり時間がない。次のステップに進めるように関連項目は先に調べておきたい。

待遇といっても、式典やら晩餐会やら、その内容は色々ありそうだ。晩餐会で食べる料理等の実例を知りたいという可能性もある。予断を持たず、多面的に調べないといけないだろう。

本宮さんが法令を調べている間に、過去の国賓が来日した実例にあたっておこう。それには過去の新聞記事が最適だろう。

我が館では新聞のデータベースを導入していないので過去の新聞の「縮刷版」から探そう。何年何月頃の記事を探すか見当をつけて探すために、年間の出来事を一覧できる『読売年鑑』[2]やインターネットなどで近年の来日情報を探し、対象日を絞りながら、役立ちそうな事例をピックアップしていく。今回の場合は単なる来日記事や会談の要旨ではなく、接遇の内容が分かる記事を探さなければならないが、宮中晩餐会の献立等までが記事になりそうな国賓となると事例はごく限られてくるだろう。かなり古い情報になってしまうが、チャールズ&ダイアナの来日などは日本中で大きな話題になり、中高年になった今も鮮明に自分の記憶として残っている。これもピックアップして調べてみよう。

さて、過去の縮刷版がしまってあるのは書庫である。縮刷版は結構重い。加速度的に体重が急増している自分などは、まとめて出し入れするだけで息切れがするぐらいである。図書館はキレイな仕事と誤解されている方も多いが、裏方は力仕事・汚れ仕事なのである。華奢な女性も、図書館に何年も勤務するうちに筋肉が鍛えられて重い箱もヒョイヒョイと運べるようになっちゃうのである。良いんだか悪いんだか分からないが……。

さて、「縮刷版」を調べてみると、やはり使えそうなのはチャールズ&ダイアナ妃初来日の記事で

調査の流れ

質問
↓
百科事典
↓
法律関係
新聞記事
↓
皇室関係
↓
回答

いかにして皇室関係を引き出せるかがポイント。

あった。滞在中の動向や晩餐会の様子なども掲載されており、読んでいるうちに当時の様子を思い出してきた。ダイアナ妃は美しかったなあ。佳人薄命、さらば英国のバラよ、という感じである。

目当ての縮刷版を何冊か探して机に積み上げていると本宮さんが戻ってきた。

「えー、まず国賓の用語ですが『日本大百科全書』[3]に載っていました。国賓のほかに公賓というものもあって、国賓は国家元首など、公賓は外国の皇族、行政府の長等を指すようです。外国の閣僚は外務省賓客として扱われるようです。国賓と公賓の接遇は〈それぞれの接遇様式が定められている〉そうです。定められている法令の根拠は残念ながら載っていませんでしたが、原則として三泊四日の招待期間や迎賓館の提供、皇室による接遇など、一定の様式や段取りが定められているそうです。それから『現行法規総覧』には載っていませんでした。そのほかの法律関係の資料も棚で調べましたが、これもダメでした。OPACで蔵書検索したときには良さそうな資料もあったはずですが……棚に見当たらない本も結構ありましたので」

「ご苦労様でした。『現行法規総覧』には各省庁の〈通達〉等の細かな法令までは載っていないしね。インターネット検索の結果はどうでしたか【注1】」

「〈国賓及び公賓の接遇について〉という定めがあって、一九八四年に閣議決定したことまでは分かりましたが、その内容までのヒットはありませんでした」

「閣議決定による定めか……そうすると〈官報〉にも内容までは載らないな【注2】。今回は時間がないし、別の調査ルートに切り換えよう。過去の要人来日の新聞記事を数件ピックアップしておいたから、実際に受けた待遇のイメージはこれで少し分かっていただけると思う。その次に探すルートというと……国賓の待遇となれば、皇室が関係してくるかもしれないな。皇室関係の資料を調べてみよう」

約束の時間まであと30分くらいである。本宮さんと皇室関係の棚へ行って探しはじめると間もなく『皇室辞典』[4]にそれらしき記述を発見することができた。接遇内容がかなり細かく記述されているほか、「一九六八年（昭和四三）〈国賓および公賓の接遇基準〉が設けられた。それによって、外国からの賓客は、国賓と公賓の二種に整理され、接遇方法は従来通りと定められた」とある。この時点で既に「従来通り」といえる基準があったのだろう。この辺の事実をさかのぼって確認したいところだが、時間がない。現在の接遇方法だけに調査を絞ろう。

皇室関係の資料には結構載っているようだ。中でも『ご皇室の謎』[5]はQ&A形式になっていてわかりやすい。「国賓と公賓ではおもてなしの仕方が違うのですか？」という設問があり、具体的な回答が載っている。『ご皇室の謎』には「豊明殿での宮中晩餐会は国賓だけで、公賓は原則として昼餐会です」とある。チャールズ&ダイアナは国王ではないので公賓だが、特例で国賓なみの晩餐会になった事情や、迎賓館での歓迎式では「文官の男性は帽子をとってそれを左胸にあてますが、女性は脱帽しません」とか……結構細かく書いてある。

おお、良い感じではないの。本宮さんも「縮刷版と皇室関係の資料をとりまぜればオッケーですね！」と安堵した様子である。基準の内容そのものは分からなかったのでズバリ賞には至らないが、まずは合格、柔道等で言うところの〈合わせ技一本〉という感じか。

夕方に先ほどの質問者が来館したのでご覧いただいた。本宮さんからは質問者は満足されたようだとの報告があった。時間内で何とかセーフであった。

「今日、法律書の棚で行方不明になっている本が随分ありました。最新の判例も不足がちでしたし、補充しないといけないようです」と本宮さんから補足報告があった。

「そうか。そうしてみるとレファレンスは自分の図書館の棚揃えをチェックする良い機会でもあるね。今日本宮さんが必要と思った不明本をリストにして、石尾さんに相談してください。必要な資料は補充しておかないといけないから」

「でも、法律関係の本って、ずいぶん行方不明になるんですね。法律を学ぼうという人が図書館のルールを守らないなんて。いったいどういう了見なんでしょう」

まったく同感である。

が、本を探しに図書館に来るだけまだマシなのかも？　と思う私である。

【注1】国の法令には、憲法、条約、法律（国会の議決を経て制定される）、政令（内閣の制定する命令）、内閣府令（総理大臣が発する命令）、省令（大臣が発する命令）、両院や最高裁、会計検査院等の規則等がありますが、さらにその内容を細かく通達や告示等を行う場合もあります。このレベルであれば省庁によってはインターネット

の電子政府の総合窓口から検索が可能です。

【注2】 官報とは、法律・政令・条約等の公布等、国の機関としての諸報告や資料を公表する国の機関紙で、独立行政法人国立印刷局から、行政機関の休日を除いて毎日発行されています。

●主な参考資料

1『現行法規総覧』第一法規出版（加除式＝内容を差し替えて随時更新するもの）
2『読売年鑑』読売新聞社 年刊
3『日本大百科全書9』小学館 1994年
4『皇室辞典』東京堂出版 1980年
5『ご皇室の謎』東京ハイソサエティ研究会編 メイツコア 1993年

※『現代法律百科大辞典 3』伊藤正己ほか編 ぎょうせい 2000年……本宮さんは気がつきませんでしたが「外国賓客接遇制度の経緯」などが載っています。

格言

調べて分かる自分の本棚

買ったはず、あったはずと思っていても、自分が必要なときには見つからない。レファレンスは図書館の蔵書チェックにも役立ちますよ。

新しい用語を調べる

「萌え」という表現はいつ頃から使われるようになったか？

伊予 高史

今年度から、ティーンズコーナーを担当することになった。数カ月がたったものの、中学生や高校生相手の対応は、なかなか不慣れである。前任者の木崎さんが、この道のプロを自任していただけに、その域には全く到達できず、プレッシャーを受ける日々が続く。

アニメ、マンガ、ゲーム……、どれもそれほど詳しくないので、中学生や高校生の会話を理解することは困難である。自分の知っているアニメ番組といったら、毎週欠かさず見ている「名探偵コナン」くらいである。名探偵コナンの話題ならおまかせなのだが、名探偵コナンの話題は残念ながらほとんど耳にしない。

それでも、慣れないなりに頑張って、ライトノベル【注1】の人気タイトルや人気作家などは、わかるようになった。顔見知りになった中学生や高校生もいくらかはできたし、こっちがわからないところをニーズで補おうと、リクエストなどをしきりに呼びかけてみたりしている。

Q.
あなたの『萌え』はなんですか？

美少年!!

キャー
やっぱメイドさん、かな…

なんて…

え？モエ??なんですかそれ？

まぁまさにあんな状態なんだけどなにか特別な思い入れのあることってない？これにはグッとくる！みたいな
食べちゃいたいぐらいカワイイの!!

絶対領域
バンザイ！

はぁ…

思い入れ…好きなものってことかな？

思わず叫びたくなるような…

語りたくなるような好き……

ありました！『萌え』!!

おっなんだい？

オウムガイです！

ペラペラペラ
あれも…『萌え』？

まぁ本人が言ってるし…アリなんじゃない？

奥深いですね…『萌え』…

そんな、ある日の夕方。

よく見る常連さんの高校生の女の子が二人、「あのぉ……」と、おずおずと声をかけてきてくれた。

「はい、なんでしょうか」。せいいっぱいの親しみやすさで応対する。

「〈もえる〉って言いますよね」

……カタカタカタ、頭の中の漢字変換キーが「萌える」という語句で確定した。

「えーと、あのアニメのキャラクターとかに萌えるとかいう、クサカンムリの萌えるのこと？」

二人の高校生の顔が、安心したようににっこりする。

「そうです。その〈萌える〉です。うちの親とかは知らないっていうんですけど……」

こっちだって、それほど知っているわけではない。ただ、ティーンズコーナーでは、わりに見たり聞いたりする言葉だし、インターネットの掲示板などでも、よく目にする言葉。キャラクターなんかを愛しているみたいな意味？　なんとなく感覚的に把握しているだけ。

「それで、質問なのですが、その〈萌える〉って、いったい、いつ頃から使われるようになった言葉なのですか」

「一般的な辞書に載っている、草木が萌えるではなくて、キャラクターとかに萌えるという意味での使い方ですね」

「はい、そうです」わかってもらえたことに、ほっとする様子がありありと伝わってくる。せっかく若いお客様からレファレンスを受けたのだから、図書館のレファレンス機能を根付かせる意味でも、きっちり答えてあげたい。

まず、自分としての予備知識を引き出してみる。自分が高校生だった頃には、耳にしなかった用例である。ここ数年かせいぜい十数年くらいのことであろうか。いわゆるオタク文化の中で生まれた言葉であるような気もする。

「それでは、一緒に調べにいきましょう」

まず自分でも「萌える」の正確な意味を確認したかったので、『現代用語の基礎知識』[1]など時事的な用語集を見てみることにする。

『現代用語の基礎知識』を過去にさかのぼって何冊か見てみる。たしかに「萌える」とか「萌え萌え」などの項目は出ていた。『現代用語の基礎知識』では、二〇〇二年版が初出のよう。すくなくとも、それ以前から使われている言葉のようだ。一番詳しく出ていたのは二〇〇五年版。意味は「ある人物やものに対して、深い思い込みを抱く様子。フィギュア萌え、メイド萌え、どじっこ萌え、などと使

調査の流れ

質問
↓
現代用語
↓
アニメ・マンガ
↓
年代の推測
↓
回答

たとえばオタク文化のように適当な本の所蔵があるか。

う」とあり、自分の認識と、それほど変わりがなく、ほっとする。

　加えて二〇〇五年版によると、「発祥は〈美少女戦士セーラームーン〉の土萌ほたる、ＮＨＫ〈恐竜惑星〉の鷺沢萌など諸説あり」と書いてあった。

　この記事を、質問者の高校生に示すと、「もうわかってしまったんですか、すごいですね」と褒められた。

　これで一応、回答としてはいいのかなと思ったが、話をしてみると、彼女たち二人で学校の自由研究の発表に使うそうである。なかなか大胆なテーマ選択である。それならば、もう少し詳しい資料を探してみたいし、彼女たちも、それを望んでいるような気配だ。

　本がありそうなところは、アニメやマンガに関する書架であろうか。

　とりあえずＯＰＡＣで蔵書検索してみよう。といっても、何の単語で書名を検索してみていいのか、よくわからない。わからないまま、あてずっぽうに「萌え」と入力して検索してみた。一般用語の萌えも含めて何件かヒットする。彼女たちが求めていそうな本のタイトルで、一番古い蔵書としては『空想美少女大百科　電脳萌え萌え美少女大集合』（宝島社）という本が見つかった。一九九九年の刊行になっているから、すくなくとも、その頃には用いられていた言葉であることがわかる。
[2]『〈美少女〉の現代史「萌え」とキャラクター』という新書もあった。さっそく目次を開いてみると「〈美少女〉と「萌え」のはじまり」という項目があり、以下のような記載があった。
「もともとこのことばは、正確な定義付けのあるものではなく、使う人によってニュアンスが異なり

ます。八〇年代末頃にパソコン通信のチャットで文字変換遊びをするうちに発生したと思われる用語で、九〇年代のインターネット時代になって広く用いられるようになりました。（以下、略）」とある。

だんだん、自分の中でイメージが湧いてきた。せめて、もう一冊くらいは、何かないかなと思い、周辺の棚をブラウジングして探してみる。

オタクのことはオタクに聞いてみようということで、『オタクの迷い道』[3]という本を拾い読みしてみると、アイドル声優・椎名へきるの考察中、「萌え萌え」の説明があった。ＮＨＫの「恐竜惑星」というアニメのヒロイン鷺沢萌ちゃんを讃えたのが語源だとか。その他、諸説がいろいろあって、セーラームーン説、ときめきメモリアル説などがあるらしい。ちなみに、この文章の初出（雑誌掲載時）は一九九七年となっている。

結局、諸説あって、何が初出だかはわからないのであろう。たぶん同人誌【注2】の世界などでは、もう少し早く用いられている可能性もあるだろうし。

これらの調査の結果を質問者に渡し、「インターネットでも調べてみるといいかもしれないよ」とアドバイスをした。彼女たちは十分に満足をしてくれたようだ。

「もっと詳しく知りたかったり、また、わからないことがあったら、何でも相談に来てくださいね」と営業用の一言をつけてレファレンスを終了する。

事務室に帰ってから、こんなレファレンスがあったよと、木崎さんと会話する。木崎さんは、オタク文化にも詳しいのであるが、だいたい本のとおり、一般的に用いられるようになったのは一九九〇年代に入ってからではないか、とのことだった。

「萌え」を理解するのは難しい。名探偵コナンの女性キャラクターで萌えるかなあ、と妄想してみたが、毛利蘭ちゃんや吉田歩美ちゃん、その他の面々を好きであっても、萌えとは違うような気がする。むしろ、怪盗キッド様のほうが萌えに近いかもしれない。そんなことを木崎さんに話したら、「服部平次君には萌える」のだそうだ。奥が深いなあ。

【注1】 とくに限定しているわけではないが、主として中学生、高校生を読者層として刊行された小説。電撃文庫、角川スニーカー文庫、角川ビーンズ文庫、富士見ファンタジア文庫など。

【注2】 商業的な出版ではなく、個人、サークル等が営利を目的とせずに刊行した冊子など。小説、マンガ、その他（萌える同人誌もあるらしい）。

●主な参考資料

1『現代用語の基礎知識 2005年版』自由国民社 2005年

2『〈美少女〉の現代史 「萌え」とキャラクター』ササキバラ・ゴウ著 講談社（講談社現代新書）2004年

3『オタクの迷い道』岡田斗司夫著 文藝春秋 1999年

格言

奇書おくべし

この本、あんまり利用はないかも、でも、イザって時には役立ったり。

インターネットで補足していく

世界のエコマークの概要を知りたい

本宮 美里

「あかね市の環境課からレファレンスの依頼が来ているんだけど、本宮さんにお願いします」と、朝のミーティングで川波係長から言い渡された。

「えーっ！　私がですか？」

「それほど難しいレファレンスじゃないよ。急ぎでもないみたいだし。レファレンスの練習も兼ねて本宮さんやってみてよ。依頼内容は、世界のエコマークの概要と一覧が欲しいというもの。あとその影響力もわかるような資料があるとありがたいとさ。環境課が環境展を企画しているんだが、その展示コーナーで世界のエコマークを紹介したいそうだよ。今週中にこの件を調査してぼくのところに提出すること。横道さん、本宮さんを手伝ってあげてね」

そんなわけで、私が調査することになった。日本のエコマークはよく見るけど、他の国のエコマークなんて見たことない。何を調べればよいのやら。横道さんに聞いてみようと思ったら、それを察してか「まずは自分の力で調べてみよう」と、かわされてしまった……。

ならば、と思って調査を開始する。

はじめに「エコマーク」がどんなものを指すのか、用語辞典類で調べることにした。用語の意味や定義がわからないまま調査を進めると、遠回りをしかねない。参考図書コーナーに行き、『環境用語辞典』[1]を手に取る。

「エコマーク」で引くと、「環境にやさしい、環境保全に役立つ商品に表示される。EUやアメリカにならって、我が国でも環境省の指導の下、日本環境協会が一九八九年から実施した」とあった。

「エコマーク」と同じページに「エコラベル」の項もあり、見てみると、「環境にやさしい商品を推奨するラベル。(中略)ISOタイプIのラベルは、日本のエコマークや、ドイツのブルーエンジェルマークのように、消費者や生産者と異なる第三者が認証するものである」とあった。「エコラベル」の項に「環境ラベル」も見るよう表示が出ていたので、これもチェックする。「エコマーク」「エコラベル」「環境ラベル」の3項目の内容から、「エコマーク」はISOタイプIの日本における環境ラベルの名称であることがわかった。各国ごとにマークの名称は違っているみたいだ。このレファレンスでは、世界各国のISOタイプIの環境ラベルを調べれば良さそうだ。

「エコマーク」の予備知識を得たところで、「519」(環境関係)の棚をブラウジングすることにした。

「エコマーク」は環境にやさしい商品に付けられるマーク。環境にやさしい商品というとリサイクル商品が思い浮かんだので、リサイクル関係の資料を見てみた。パラパラとページをめくって探していて、ふと思い出した。そういえば石尾さんが「まずは目次や索引で探すのが定石」と、言ってたっけ。目次や索引を最初にチェックすることで、効率的に調査をすすめることができるし、見落としも防げる。面倒な気がするけど、急がば回れだ。

[2]『リサイクルのことがわかる事典』の索引で、「エコマーク」を引くと、この本には、日本を含め五つのエコラベルが掲載されていた。個々の概要や影響力に関してはわからず。

[3]『エコマーク商品カタログ　2000年度版』には「世界の代表的なエコラベル」ということで、九つのラベルが掲載されていた。この本によると、タイプIのエコラベルは、世界の約30カ国で実施されているらしい。個々の概要や影響力に関してはわからず。

[4]『エコラベルとグリーンコンシューマリズム』には、十数個のエコラベルとその概要が掲載されていた。個々のエコラベルの影響力に関してまでは言及されていなかったけど、この資料はかなり参考になりそうだ。ちょっと出版年が古いのが残念。

各国のエコラベル自体はけっこう見つかったけど、その概要や影響力に関してまで書いてある資料はなかなか見つからない。

環境関係の資料をかたっぱしから見ていてたまたま手にとった『ISO14000環境マネジメント便覧 資料編』[5]の「各国の環境ラベルの例」のページに、18個のエコラベルが掲載されていた。個々に関して、概要と影響力なども記載されていた。今まで調べてきた資料の中では一番参考になりそうだ。このエコラベル一覧は『世界各国におけるエコラベリング制度実態調査報告書』（財団法人 日本環境協会）から抜粋しているとあった。しかし、この資料はうちの図書館にはない。

ちょっと視点を変えて、記号やマークに関する本も見てみることにした。『世界のマークとサイン』[6]には、「世界の環境マーク」ということで、エコラベルのみの掲載だった。『マークを読む JISからエコマークまで』[7]を見るも、詳細な情報は得られず……。ネタも尽きたし、これくらいでいいかなと思って、調査終了。横道さんに調査の経緯と内容を話した。

調査の流れ

質問
↓
予備知識
↓
環境の本
↓
インターネット
↓
雑誌記事
↓
回答

調査していく順番を考えると効率的に進められる。

「インターネットは使わなかったの？　僕も調べてみたけど、はじめの一手はインターネットを使ったよ」

「うっ、インターネットは使ってないです……」

「検索エンジン〈Google〉で、キーワードに〈エコマーク　世界　一覧〉で検索したら、〈環境goo〉のホームページが上位に表示されてきた。そのホームページにエコマークに関する解説も載っていたし、〈環境省〉のホームページに世界のエコマークの一覧が掲載されていることもわかったんだ」

もしやこれって、インターネットで一発回答できちゃう問題なのかも、とショックを受けている私をよそに横道さんは話を続ける。

「それで〈環境省〉のホームページに行ったら、〈環境ラベル等データベース〉ってのがあって、24個のエコラベルとその概要も掲載されていたよ。ラベルの影響力に関しては直接の記述はなかったけど、各エコラベルの運営団体のホームページがリンクされていたから、そちらを調べればわかるかもしれないな」と言って横道さんは、カウンターのパソコンで、これまでの調査を再現してくれた。そしてレクチャーは続く。「その他にも〈環境goo〉のエコマーク関連のリンク集にあった、日本のエコマークを運営している〈日本環境協会〉のホームページや〈global ecoraveling network（GEN）〉のホームページもチェックした。〈GEN〉のホームページではこのネットワークに加盟しているエコラベルを20個以上見ることができるんだ。〈GEN〉は外国のサイトだから英語だけど」

「インターネットで簡単にそこまで調べられるとは。質問の内容によってはインターネットをはじめに使ったほうが、調査がスムーズに進められることもあるんですね」

「〈Google〉で調べるのはこのくらいにして、あとは雑誌記事を調べてみようか」

そう言って横道さんは、国立国会図書館のホームページで無料公開されている〈雑誌記事索引〉というデータベースにアクセスした。「エコマーク」「エコラベル」「環境ラベル」をキーワードに検索すると、参考になりそうな記事がヒットしてきた。検索結果の画面を見て横道さんが、「『月刊地球環境』[8]二〇〇〇年十月号で〈どうする？　エコラベル〉っていう特集が組まれているね。この雑誌はうちの図書館で持っているから、内容を確認できる。他にも気になる記事がヒットしているな。本宮さん、あとでまとめてチェックしておいて下さい」と指示を出す。

「せっかくインターネットという便利なものができたんだから、それを使わない手はないよ。今の時代は、本とインターネット、両方をうまく利用して調べていくことが大事だよ」

「そうですね。とても勉強になりました。ありがとうございます」

後日、横道さんに調べてもらったものと私が調べたものをレポートにまとめて川波係長に提出し、一件落着。将来は立派なレファレンス担当になりたいと密かな野望を持っている私。あ〜まだまだだなぁと痛感させられた。そりゃ新人だから当たり前か。またくめげずにがんばろうっと。

●主な参考資料

1『環境用語辞典 ハンディ版 第2版』共立出版 2005年
2『リサイクルのことがわかる事典』日本実業出版社 2003年
3『エコマーク商品カタログ 2000年版』チクマ秀版社 1999年
4『エコラベルとグリーンコンシューマリズム』山田国広著 藤原書店 1995年
5『ISO14000環境マネジメント便覧 資料編』吉澤正編 日本規格協会 1999年
6『世界のサインとマーク』村越愛策監修 世界文化社 2002年
7『マークを読む JISからエコマークまで』中井有造著 日本放送出版協会 2005年
8『月刊 地球環境』日本工業新聞社 2000年10月号

格言

急がば索引

索引を使うのは事典類を引くときの鉄則とよく言われる。面倒な気がするが、意外と目的の情報に早くたどりつける。索引を使わないと大事な情報を見落としたりして、かえって時間がかかってしまうこともあるので索引は侮れない。索引が付いている図書では、目次と索引を併用するとさらに効率的に調べものができる。

災害関係の資料を活用してみる

無筋基礎の災害について知りたい

木崎 ふゆみ

一般書コーナーで配架をしていると、「ムキンキソの災害のことがわかる資料はありませんか？」と声をかけられた。

「ムキン」!?

「ムキンて何デスカ？？？　どんな字デスカー？？？」。脳内がダンスを踊るムキムキマンでいっぱいになり、頭が真っ白に。

「ム、ムキンキソ、ですか……？」と返しつつも、一瞬ひるんだのを見透かされたらしく、「建物の基礎工の一種で、鉄筋を使わないもののことだそうです」とすかさずフォローしてくださる。ああ、鉄筋を使わない「無筋」に建物の「基礎」なのですね。ありがとうございます。語感のインパクトにおののいてしまった私。まだまだ修業が足りません。

気を取り直し、インタビューを試みる。

「お知りになりたいのは、マンションやビルのような大型の建物の災害ですか？　それとも住宅でしょうか？　あと、災害ですが、地震で受ける被害ということでよろしいですか？」

「そうです。普通の一戸建て住宅が地震の時に受ける被害の様子を知りたいのですが、どうやって探したらいいのかわからなくて」

お話ししつつ、OPACに向かって移動する。糸口がつかめたおかげで、もう少し詳しく質問の内容を伺うことができた。家の修繕を頼んだ時に、業者から「自宅が無筋基礎の可能性が高い」と言われたものの、実際に地震などが起こったときに、一体どんな被害が出るものなのかわからない。調べてみて、今後の耐震補強計画の参考にしたいという。

おお、そういうことですか。そうなると、建築とか災害関係の資料にあたってみることになるかな。阪神大震災以降も、震災被害が相次いだので、地震災害関連資料の出版が続き、当図書館でもそれなりに資料を所蔵している。
などと考えつつ、お客様と一緒にOPACで蔵書検索してみる。「震災」「地震」「無筋」を組み合わせて検索。予想はしていたがヒットなし。キーワードを変え、「震災」「建築」「地震」「住宅」を数パター

ンで掛け合わせて検索。

検索結果は、やはり社会福祉―災害、災害救助［369］と建築構造―防災構造［524］の分類番号に集中していた。結果一覧の中に、[1]『阪神・淡路大震災調査報告 建築編4 木造建築物 建築基礎構造』を発見する。かなり大部の報告書だし、何か載っていそうだ。

さっそく手にとってみると、木造建築物編「部位別の被害 基礎の被害」の中に、基礎の構造についての解説があった。これによると、「基礎の構造には玉石基礎、布基礎、ベタ基礎があり、布基礎には、れんが造基礎、無筋コンクリート造基礎、鉄筋コンクリート基礎が」あり、そして、無筋コンクリート布基礎は、昭和六十年に廃止された仕様だという。

うーん、わかったようなわからないような。少なくとも築20年を超すような家屋なら採用されている可能性が高い基礎工事なわけですね。

さらに内容を確認すると、無筋コンクリート造基礎の被害状況や被災写真が掲載されていた。また、

調査の流れ

質問
↓
質問内容の把握
↓
建築関係
↓
震災の報告書
↓
回答

そのものの本はなくても、代用できる本で対応してゆく。

建築基礎構造編にも、基礎別の被害状況や調査事例が載っていたものの、「無筋基礎」でくくられた項目は残念ながらない。無筋基礎という言葉自体は散見できるので、記事を丹念に見ていけば、いろいろ出てきそうではあるが……。

　とりあえず閲覧席でお客様にこの本を見ていただいている間に、私は再度棚に向かってダッシュ（図書館内を走ってはいけません）。

　図書の題名からずばり「無筋」にたどり着けない以上、資料の中身を個々に確認していくしかない。検索結果が集中していた分類番号の棚をチェックし、図書資料では回答できそうになかったら雑誌や新聞の記事にあたることにしよう。

　先程の調査報告が配架されていた［３６９］の棚へ。倒壊した建物の写真集や過去の震災記録集などを見るが、建物の基礎工による被害という視点ではちょっと調べられそうにない。そこへ[2]『阪神大震災に見る木造住宅と地震』なる資料を発見。中を見ると住宅の被害写真が多数掲載されている。「建物各部の被害」という章で、「基礎」についての解説あり。内容としては、『阪神・淡路大震災調査報告 建築編４ 木造建築物 建築基礎構造』とほぼ同じだが、続けて無筋コンクリート造基礎に見られた特徴的な被害が分析されていた。

　耐震性が弱いため、マンションやビルなどの大型建築で無筋の基礎工が使われている可能性はなさそう。知らなかったとはいえ、最初にマヌケな質問をしてしまったものである。

　さらに見ていくと、やや古い住宅の被害、新しい住宅の被害、集合住宅の被害、などの切り口で、被災住宅の間取り図と被害写真と解説がセットで掲載されている。基礎部分の写真や解説も多く、そしてその基礎が無筋だと説明されている写真も、けっこうある。よし！　これは使えるぞ。

次いで［524］の棚へ。『建築物の地震被害』[3]、基礎構造に関する記載中に、若干ではあるが、無筋コンクリート造の脆弱さについて言及されている。また、『阪神大震災に学ぶ　地震に強い建築の設計ポイント』[4]でも、阪神大震災で大きな被害を出した木造住宅の基礎の多くが無筋であったことに触れ、耐震補強の方法について量は少ないものの解説が載っている。とりあえずこれもキープ。

お客様をお待たせしているので、とりあえずここで調査を打ち切り、追加で見つけた資料を見ていただく。時間をいただければ雑誌や新聞の記事なども調べますよ、とご案内したが、『阪神大震災に見る木造住宅と地震』を大変喜んでいただき、他の資料と合わせて充分ということで、今回は終了となった。

●主な参考資料

1『阪神・淡路大震災調査報告　建築編4　木造建築物　建築基礎構造』日本建築学会　1998年

2『阪神大震災に見る木造住宅と地震』坂本功監修　鹿島出版会　1997年

3『建築物の地震被害』鹿島都市防災研究会編著　鹿島出版会　1996年

4『阪神大震災に学ぶ　地震に強い建築の設計ポイント』建築知識　1999年

格言

見ぬ本は使えぬ

日頃から自分の図書館の資料をこまめに把握しておくこと。つねに本を開いて内容の把握につとめよう。

第7章「郷土のこと」を調べる

人物の関連から調べてみる

獅子文六の父親について調べている。花火に関係しているらしい

伊予 高史

六月上旬の午前中。梅雨冷えのする雨の一日。

つじあやのさんの「お天気娘」を心の中で口ずさみながら、郷土資料コーナーで本を見つつ展示のネタを考えていた。一年に一度、郷土資料をメインにした展示をすることになっていて、その担当が回ってきたのだ。

この図書館で郷土資料を担当するようになって、はや5年。たいていの郷土資料には目を通したつもりで、ようやく資料を使いこなせるようになった自信もついてきた。郷土資料は経験がものをいう。それでも展示となると、なるべくお客様に見てもらえる企画をと考えこんでしまう。

雨の日の平日でもあり、郷土資料コーナーはそれほど混んでいなかったが、大学生からお年寄りの方まで数人の常連さんが席に本を積み上げて調べものをしている。顔なじみさんには軽く挨拶をしながら、こちらも写真集などをめくっていると、開館時から熱心に調べものをしているIさんから声を

かけられた。

「伊予さん、おはよう」人のよさそうな笑みを浮かべて問いかけられた。「ちょっと相談していいかな」

「おはようございます、はい、なんでしょうか」

「今、獅子文六について調べているんだ。その父親について知りたいのだけど、どうもよくわからないんだ」

「はい、小説家の獅子文六の父親ですね」

「それと、その父親に花火が関係しているらしいのだけど、概略を調べてくれないかな」

「どちらで、そのことをお知りになったのですか」

「どの作品だったかは忘れてしまったのだけれど、昔、獅子文六のエッセイで読んだ記憶がある」

「そのエッセイのタイトルとかは」

「いや、もう随分前のことだから、憶えていないなあ」

「わかりました。ちょっとお待ちください」

……花火、ねえ。何でしょうか。

さて、それでは展示のネタ探しにちょっと行き詰まっていたこともあり、気分転換にもちょうどよいと、調査を開始する。

獅子文六が神奈川県ゆかりの作家であることは基礎知識としてあったけど、それほど獅子文六と神奈川県との関わりについて知っていたわけではなかったので、まずは基本的な人物情報を押さえておこうと、文学の棚に足を運んで、適当に獅子文六の本を手に取る。『現代日本の文学30 獅子文六集』[1]の巻末の年譜を見て、獅子文六（本名・岩田豊雄）の父の名が岩田茂穂であることがわかった。獅子文六写真も出ていた。しかし、父親についての記述はそれほど多いわけではない。花火についても、何の記述もない。

もっと基本的なことから押さえておいたほうがいいかなと思い、参考図書コーナーにいって『日本近代文学大事典 2巻』[2]を開いてみる。獅子文六の項を見ると、その父について書かれた「父の乳」という作品があるらしい。たしか『獅子文六全集』[3]は書庫の中にあったはずなので、あとで確認してみよう。

その前に、これらの調査で、獅子文六が横浜市で生まれ育っていることがわかった。岩田茂穂は、獅子文六が子供の頃に亡くなったそうだ。ならば、幼少期・横浜時代の獅子文六を調べた方が手がかりを拾いやすいかなと思い、郷土資料コーナーに戻って、神奈川県の文学関係の棚に目を通すと、『横浜の作家たち』[4]という本があった。めくってみると、ちゃんと獅子文六が取りあげられており、「父のこと、母のこと」という一節があった。岩田茂穂について約4ページにわたって詳しく出ている。

岩田茂穂は中津藩の武士出身で、福沢諭吉の門下生になる。アメリカに留学後、横浜に貿易商店を

持つ。

そして、ここでようやく花火が出てきた。獅子文六の母（岩田茂穂の妻）・麻二の父が平山甚太という者であり、三河吉田藩の出身。横浜で花火の輸出などをしていたと説明されている。平山甚太の兄の中村道太（横浜銀行初代頭取）が福沢諭吉の息のかかった人物で、福沢諭吉も平山甚太の起した平山煙火をおおいに後押ししたという。

花火が関係するのは、父の岩田茂穂よりは、むしろ祖父の平山甚太らしい。

これらの記述の出典として獅子文六の「わが家の明治百年」があげられていた。おそらく「父の乳」同様、『獅子文六全集』に収録されているものと思われる。

とりあえず、岩田茂穂および花火に関する概略についてはわかったので、『横浜の作家たち』をIさんにお渡しした。Iさんも納得した様子。もちろん『獅子文六全集』についても、ご案内しておいた。

調査の流れ

質問
↓
基礎調査
↓
郷土の作家
↓
横浜関係の本
↓
回答

つながりのありそうな分野を、可能性として、とりあえず見ておく。

ただ、自分の手応えとして、もう少し詳しく調べられそうな気がしたので、少し書庫に入って郷土資料を調べてみることにした。ここは神奈川県あかね市、それほど横浜市関係の本が多いわけではないが、県庁所在地ということもあり、需要もあるので、基本的な刊行物くらいは所蔵している。

まず、明治期の横浜の人物ということで、同時代の資料からも何か情報を拾えそうな気がして『横濱成功名譽鑑　復刻版』[5]を見る。明治十年頃、平山甚太が岩田茂穂と共同で横浜高島町に煙火（花火）製造所を創立したこと、欧米への輸出や、横浜での米国独立祭で打ち上げたことなどが書かれていた。平山甚太の花火は、当時の横浜で有名だったようだ。

ならば『横浜市史稿　風俗編　復刻版』[6]にも出ていないかと当たりをつけてみたところ、「西洋花火」の項を発見。横浜の人として初めて西洋花火の打ち上げを行ったのは、父祖の代から三河花火の製造者で、西洋花火の研究をしてきた平山甚太であること。岩田茂穂と共同で平山煙火を経営をしていたこと。横浜での花火の打ち上げの記録などが出ていた。

この時期、文明の最先端の横浜で、それだけ活躍していたということは、全国的にも評価されているかもしれないと思い、郷土資料だけではなく、『明治事物起原』[7]にも出ていないかと調べてみると、「横浜の花火打揚」という項があり、平山甚太の花火について紹介されていた。

さらに岩田茂穂も平山甚太も、福沢諭吉と繋がりがあった人物だったようなので、その筋からの調査はできないかと、福沢諭吉関係の本を探したところ、『福沢諭吉門下』[8]という本があり（へえ、こんな本、所蔵していたんだ、と感心してしまった）、岩田茂穂の項もあった。文献として獅子文六の「福沢諭吉で結ばれた父母」と「父の乳」があげられていた。

さらに掘り進めていけば断片的な記載は見つかるのであろうが、当館でできるあらかたの調査はこんなところだろう。とりあえず自分では納得してIさんに追加の調査の経緯を報告し、「横浜市中央図書館や神奈川県立図書館などで調べれば、もっと詳しいことがわかると思います」と案内しておいたが、Iさんはそこまでの調査を求めてはいないようだった。

一つの調査を終えて、展示のネタ探しを再開する。

そうか、神奈川県って、西洋花火で歴史があるところなんだ。ならば、少し時期外れかもしれないけれど、神奈川県の花火というネタで、なにか展示はできないものだろうかと、さっそくその可能性を調べてみるのでした。

●主な参考資料

1『現代日本の文学 30 獅子文六集』学習研究社 1972年
2『日本近代文学大事典 2巻』講談社 1977年
3『獅子文六全集』朝日新聞社 1968年～1970年…「父の乳」は10巻、「わが家の明治百年」は15巻に収録
4『横浜の作家たち』尾崎秀樹著 有隣堂（有隣新書）1980年
5『横濱成功名譽鑑 復刻版』森田忠吉編 有隣堂 1980年
6『横浜市史稿 風俗編 復刻版』名著出版 1973年
7『明治文化全集 別巻 明治事物起原』石井研堂著 日本評論社 1993年

8『福沢諭吉門下』丸山信編 日外アソシエーツ 1995年

格言

労多くして、信頼あり

ときどき、ここまで調べる必要があるのかなと思うこともありますが、それが図書館全般への信頼になると信じたい。

郷土の歴史を掘り下げる

第二次世界大戦時に神奈川県内にあった外国人収容所は？

横道 独歩

レファレンスの担当の日、よく質問にやって来る方がいる。高校の先生を定年退職し、現在は悠々自適な生活を送られているようだ。図書館には週に三日くらいは来られている。

「教員の仲間で郷土史を研究しているグループがあるんだけど、戦時中の神奈川県がテーマになったんだ。日本にいた外国人はどこかの施設に収容されたと思うんだが、そうした施設は神奈川県内にどれくらいあったのだろうね？」

戦争の頃のことは、お年寄りの方や、ときに小・中学生から夏休みの自由研究などで質問されることがある。

「戦争や郷土資料などからいくつかの資料をあたってみますから、少し時間をいただけますか？」と答えると、

「では、用事をすませてから夕方頃にまた図書館に寄ります。それまでに調べておいてください」と

言って図書館を出て行かれた。

戦時中に外国人を収容するというと、その対象になるのは日本に滞在する外国人（主に欧米人）、属国扱いの中国人や朝鮮人（台湾や満州の人も含む）、捕虜などが対象になると考えられる。その点を念頭に置きつつ、資料をピックアップするためＯＰＡＣで蔵書検索した。

質問の内容から、まず「外国人 収容所」をキーワードにして検索し、有効そうなものをピックアップした。その中の一つの詳細画面を開き、データのテーマ欄を見ると「強制収容所」と出ている。検索画面に戻り、改めて「強制収容所」で検索し直してみた。つづいて「捕虜」「太平洋戦争」などからも検索した。昭和史や神奈川県の歴史という観点もあるが、それらはそれぞれ一般図書と郷土資料の分類番号［２１０］（日本史）、［２１３］（関東地方の歴史）の書架を見れば十分だと思った。

まず神奈川県の歴史の書架では以下のような資料が見つかった。

[1]『史料でみる神奈川の歴史』

敵国人抑留所の項目に、「大東亜戦争勃発ニ伴フ外事警察非常措置状況」という史料が載っている。

解説によると、「横浜市中区根岸競馬場（第一抑留所）、新山下町の横浜ローイングクラブ（第二抑留所）が敵国人抑留所とされた。またアメリカ大使グルー氏など敵国外交官もそれぞれの大使館、領事館内に抑留された」。以下、「第一抑留所は四十三年六月から足柄上郡内山の暁星中学校夏季施設に移転（在日外国人男性）、第二抑留所は戸塚区泉町の伝染病隔離病棟に移転（十九名の外国人女性）」などとある。

[2]『神奈川県の戦争遺跡』

いくつかの章にわたって関連する内容が載っている。『史料でみる神奈川の歴史』にあった第一抑留所・第二抑留所の記述の他に、日本鋼管が川崎、鶴見、浅野の工場に朝鮮人を集団連行したこと、川崎市大島、川崎大師前に俘虜収容所が設置されたこと、横須賀に朝鮮人を強制連行したこと、相模ダム建設のため中国人・朝鮮人を強制連行し相模湖近くに中国人収容所跡（大正館）・朝鮮人収容所跡（旧電気科学館）があったこと、などが挙げられている。

[3]『神奈川のなかの朝鮮　歩いて知る朝鮮と日本の歴史』

東京機器工業川崎工場や日本鋼管、日本鋳造、昭和電工などが朝鮮人の強制連行を行ったこと、厚木基地で朝鮮人が強制労働をさせられたことが載っている。

これらの資料から第一抑留所、第二抑留所、中国人・朝鮮人を労働力として強制連行し収容した場所があることがわかった。

「捕虜」に関する資料は主に分類番号［３２９］（国際法）の書架にある。その中で以下の資料があった。

『京浜地区の捕虜収容所』[4]

一九四二年より香川県善通寺に最初の捕虜収容所が設置された後、全国に本所・分所・分遣所が設置された。「東京地区俘虜収容所一覧」に東京地区の本所である大森収容所以下、収容所名と所在地が記されている。このうち神奈川県内の収容所は本所分遣所とされる大船収容所ほか16カ所となっている。各収容所ごとの説明があり、神奈川県内の捕虜収容所についてかなり詳しくまとめられた資料である。

この著作が参考にしたもので、上記の資料にもたびたび引用されていた資料を所蔵していた。いくつかの資料の典拠になっているので、重要な先行文献だと思い、手に取った。

『大日本帝国内地俘虜収容所』[5]

日本国内に所在した俘虜収容所の実態と統計を記した本。『京浜地区の捕虜収容所』はこの資料を基礎資料にして調査したようである。

『朝鮮人強制連行調査の記録　関東編1　神奈川・千葉・山梨』[6]

冒頭に神奈川県内の朝鮮人連行、中国人連行、台湾からの連行、連合軍捕虜が強制連行された場所が記されている。第一章に神奈川県の記述があり、主に横須賀海軍工廠、日吉台の地下壕、厚木飛行場などの記述がある。その他、神奈川県朝鮮人強制連行事業所一覧や、強制連行が確認された施設、朝鮮人の動員・就労が確認された場所が挙げられている。

この本の中には上記『神奈川県の戦争遺跡』『神奈川のなかの朝鮮』に記されている日本鋼管の工場や相模湖畔の抑留所などに該当していると思われる箇所が含まれているので、朝鮮人の収容所についてはこの本が最も詳しいといえる。中国人については、神奈川県内では『神奈川県の戦争遺跡』『神奈川のなかの朝鮮』の相模湖畔の収容所のみのようである。

郷土資料コーナーからは以下の2冊をピックアップした。ＯＰＡＣの蔵書検索でヒットした書名の中に、大船捕虜収容所とあったので、手に取ることにした。

調査の流れ

質問
↓
郷土史
↓
国際法
↓
インターネット
↓
回答

専門的な質問には、あらゆる分野に目を配り抜かりない調査を。

「大船捕虜収容所始末記」実松譲著（『別冊週刊読売』一九七四年）
『大船捕虜収容所』鈴木淳著（栄光学園社会科個人研究）

特定の収容所のことを記した資料として参考になる。

レファレンスカウンターに戻り、インターネットも検索してみることにした。最近では貴重な文献や画像がインターネット上で見られるようになっている。戦時関連の資料はさまざまな機関・団体・個人がホームページで公開している。「外国人 収容所 捕虜」で検索すると国内の捕虜収容所のことを記したページがいくつかあった。

この図書館で調べられる資料は、以上でほぼ網羅したようである。

そのとき、たまたま館長がレファレンスカウンターの近くを通りかかった。館長は郷土資料については特に詳しい。この質問はやや難問だったので、最後のお墨付きをもらおうと館長に声をかけた。

調査経緯を説明すると、館長は少し間を置いて、

「レファレンスの回答としては問題ないと思う。ただ、同盟国や中立国への対応と、収容所ごとの資料についても補足したほうがいい。同盟国のドイツ、イタリアからの在日外国人も滞在場所を移されることがあった。たいていは箱根のホテルや旅館などで、一定の待遇が与えられた。また、トルコ人など中立国の人々は拘束されることはあまりなかったが、時折特高や憲兵に声を掛けられることもあったという。

それと、大船捕虜収容所に関する資料が見つかったのなら、他の収容施設のことを書いた資料もあると考えたほうがいい。市立図書館はどの図書館も近隣の歴史に関する資料はなるべく収集しているから、特定の収容所のことを掘り下げて調べるのであれば、関連資料は近隣の図書館に所蔵している可能性があることを伝えた上で、調査依頼や資料の取り寄せができることを案内しても良いと思う」

なるほど、同盟国や中立国の人の状況までは考慮していなかった。また、郷土資料はスクラップなど独自の方法で整理している場合もある。そうした資料があることも推測し案内を怠ってはいけない、ということは頭から抜けていた。さすが郷土資料に強い館長の助言である。

夕方、外が暗くなりかけた頃に先ほどの方が図書館にやって来た。私の姿を見つけレファレンスカウンターにやってきたので、調べた資料やインターネットサイトを示し、館長からの助言も補足して伝えた。

「なるほど。収容施設がこんなにたくさんあったのは知らなかった。調査を進めてまた疑問が起きたら助けてもらうよ」と言って、示した資料のうち数冊を手に取り、貸出手続きをして足早に図書館を出ていった。

●主な参考資料

1『史料でみる神奈川の歴史 神奈川県郷土史史料集』神奈川県高等学校社会科部会歴史分科会 1997年
2『神奈川県の戦争遺跡』神奈川県歴史教育者協議会編 大月書店 1996年
3『神奈川のなかの朝鮮 歩いて知る朝鮮と日本の歴史』明石書店 1998年
4『京浜地区の捕虜収容所 中間報告書』笹本妙子著 アート出版事業部 1999年
5『大日本帝国内地俘虜収容所』茶園義男編・解説 不二出版 1986年
6『朝鮮人強制連行調査の記録 関東編1 神奈川・千葉・山梨』朝鮮人強制連行調査団編著 柏書房 2002年

格言

最後はベテランのお墨付き

難問のときはベテラン（上司）に最後の助言を仰ぐ。失敗したときは責任をなすりつける……ことはしません。

江戸時代の名産品を調べる

江戸時代に大磯周辺で知られていた「カツオのタタキ」はどんなもの？

石尾 里子

今日は週1回のレファレンス検討会。各自が回答したレファレンスを皆で見直すことで、調査→回答の能力を向上させよう！　という目的で続けている、あかね市立図書館に欠かせない勉強会なのだ。とは言っても、図書館の開館中は皆で集まれないため、夜、図書館が閉まってから空腹をこらえつつがんばっている。

さて、今日の最後は本宮さんの回答の検証だ。なにやら一層お腹が減りそうな……。

本宮　「江戸時代に神奈川県の大磯周辺で知られていた〈カツオのタタキ〉はどんなもの？　という質問でした。どんなもの？　というからには、今、普通に食べている、カツオのお刺身の上に生姜やニンニクがのっているタタキとは違うものなのかなあと推測しました」

伊予　「カツオのタタキは刺身とは違うよ。藁を燃やした火で表面を炙らなきゃ」

川波　「まあまあ、細かいことはいいから続きを聞こうよ」

本宮　「キーワードとしては〈江戸時代〉〈大磯〉〈カツオ〉〈タタキ〉があります。江戸の食文化から調べるか、大磯の郷土史から調べるかですが、江戸の食文化については資料の数が多いので、まず大磯から調べてみることにして、基本資料の『大磯町史』を目次からあたってみました」

伊予　「そうだよね。地名が判っていれば先にそこから調べるね。それに、市町村史は郷土史を調べる時の基本資料だものね」

本宮　「[1]『大磯町史 9 別編 自然』の〈カツオ〉の項目に〈江戸時代の古文書にしばしば登場し、刺身・生干し・摺り流し汁として食用にし、お供えにも使われた〉と書かれており、江戸時代にこの地でカツオが食されていたことは確認できました。ところが〈タタキ〉の記述はなく、書架にあった他の郷土資料からも見つかりませんでした。

　そこで、郷土資料をあきらめ、分類番号［383］の食文化の棚に行き、江戸の食・暮らし・風俗などに関連のありそうな本をあたったのですが、初ガツオのことや、普通のカツオのタタキのことは出ていても、大磯周辺のことや変わったタタキのことは出てきません」

横道　「江戸の風俗だと、三田村鳶魚《みたむらえんぎょ》の全集なんかにありそうだけど」

本宮　「書庫に並んでいたので、食生活の巻はあたってみたのですが見つからなかったのです」

川波　「おっ、ちゃんと押さえているね」

本宮　「郷土史も食文化もだめだったので、基本に還って辞典から地道に調べようと思い、用例の多い『日本国語大辞典』[2]を引いてみました。すると、ほら、ここに「本宮さんが示すページを見てみると、なるほど、「かつお」の項の後に「かつおの叩き」として「鰹でつくった塩辛。肉または内臓を叩き砕いて塩漬けにしたもの。鰹の醤《ひしお》。酒盗《しゅとう》」とあり、『本朝食《ほんちょうしょっ》鑑《かん》』[3]『譬喩尽《たとえづくし》』などの用例が挙げられている。

特に『譬喩尽』の用例では、「鰹の叩 相州の名物塩辛也曲物に入」とある。相州といえばまさに大磯周辺であり、質問の内容にも合う。

やっぱカツオのたたきは美味いねー
んーしょっぱい
こっちの"タタキ"もいけますよ
私、カツオはヘソが好きなんですよー
カツオの
へそ…
それは…珍しいね…
そーなんですよ！滅多になくってー！あれならゴハン何杯でもいけるのに！
うん…なかなか無いわよね…
へェー…
カツオのヘソ＝心臓のこと

本宮「『譬喩尽』は残念ながら所蔵がなかったので、『本朝食鑑』を確認したところ、鰹醤が俗に鰹の多多岐と称すること、勢州の桑名などに次いで相州の小田原も有名であることが書かれていました。回り道してしまいましたが、この2冊が見つかってほっとしました。質問した方も納得してお帰りでした」

木崎「〈カツオのタタキ〉の正体は、酒盗とか塩辛のようなものだったのですね。確かにふつうの〈タタキ〉よりもたたいて作ったたっていう感じで納得できちゃうな」

川波「おつかれさま。やはり、困った時の『日本国語大辞典』だなあ。ところで、他に思いあたる資料はあるかな」

木崎「明治以前のことを調べる百科事典として『古事類苑』（吉川弘文館）と『和漢三才図会』[4]は確認したほうがいいですね」

横道「『嬉遊笑覧《きゆうしょうらん》』（吉川弘文館）も江戸の風俗を調べるのにいい資料です」

富士「インターネットはどうでしょう」

本宮「〈Google〉検索はしてみましたが、ヒットするのはふつうのカツオのタタキのことばかりでした」

伊予「カツオのタタキといえば土佐の名物だから、高知県の郷土誌はどうかな」

石尾「小田原の郷土資料にも出てくるかもしれませんね」

一同、書架に確認に行く。『古事類苑』『和漢三才図会』には予想どおり記述があった。伊予さんも土佐の郷土誌『土佐 味の百科』[5]に「ミニ百科」として「タタキの語源」を発見。

食文化の書架を見直していた田中さんは『東海道たべもの五十三次』[6]という本を手に取った。書名には江戸とも大磯とも出ていないが、確かに大磯は東海道の街道筋なのだから〈東海道〉もキーワードになる。小田原名産のカツオの塩辛＝タタキのことも出ているが、大磯と小田原の間にあったという梅沢の茶店で出されていた「鰹のあぶりもの」の話が興味深い。この「鰹のあぶりもの」は現在のタタキそのもので、新旧タタキ揃い踏みである。田中さん、あっぱれ！

皆の力を集めると新たな発想が生まれ、共有することで個人の引き出しも増えてゆく。あかね市立

調査の流れ

質問

↓

大磯の郷土史
日本国語大辞典
本朝食鑑
和漢三才図会
土佐の郷土誌
東海道の食文化

↓

回答

定番となっているレファレンスツールをうまく使い、発想を豊かにする。

図書館のレファレンスはこうして日々向上を目指しているのだ。

川波「さあ、今日はここまでにして、ご飯を食べに行こうか。やっぱりメニューは……」

全員「カツオのたたき!!」

●主な参考資料

1『大磯町史 9 別編 自然』大磯町 1996年
2『日本国語大辞典 第2版 3』小学館 2001年
3『本朝食鑑 4』平凡社(東洋文庫)1980年
4『和漢三才図会』平凡社(東洋文庫)1987年
5『土佐 味の百科』高知新聞社 1981年
6『東海道たべもの五十三次』鈴木晋一著 平凡社 1991年

格言

困ったときの『日本国語大辞典』

『日本国語大辞典』は日本で一番収録語の多い国語辞典。出典を明記した用例が多いので、次の資料を探すツールにもなります。まずは引いておいて間違いなし。

調査の流れと組み立て方

浅野　高史

「図書館での調べごと初心者には、レファレンスの経験を積んできた人たちが、どんな思考回路で回答を導きだすのか、不思議らしいのです。

で、【司書さんがクイズに出たら】という想定でみんなと雑談をしていたとき、〈○○さんだったら頭の中で、（これはまず分類番号××の△△を調べ、次に□□で確認した上で……）というプロセスを経ているのかなあ～。だとするとタイムアップになってしまうね！〉など、たわいもない話になってしまったのですが、こんなところにも司書流調べ方のヒントがあるように思います。

でも、私たち司書の思考回路って、そんなに不可解なのかしら……」

以上は、知り合いの図書館員Iさんと、この本の出版に関して相談していた時、受け取ったメールの引用。司書流調べ方なるものが本当にあるのでしょうか？

司書として、いくつかの図書館勤務を経験していますが、慣れない図書館で、いきなりすいすいとレファレンス・サービスができるわけではありません。まずは本の場所から覚えていって、数カ月かけて、並んでいる本に目を通しているうちに、なんとなく図書館の本が馴染んできて、ようやく自信をもってレファレンス・サービスの対応ができるようになっていくのです。そしてさらに数年が経つと、ベテランとして、ごく自然に受けた質問の回答になる資料が、手に吸い付いてくるような感覚で、皆様に提供できるようになっていくのです。

たぶん、図書館が大好きで、週に二度、三度と図書館に通われる方は、我々図書館員と同じくらい図書館を使いこなしていることでしょう。

門前の小僧ではないけれど、我々は毎日、図書館に勤めているから、自然にあるいは研修をしながら、図書館という空間を把握していくわけです。いわば「慣れ」です。しかし、ただ単に本という物体に慣れるというだけではなく、本や情報を得るための思考の流れも身についていくようです。ここでは、その思考の流れについて、ここまでの事例に即して、まとめてみたいと思います。

＊

レファレンス・サービスは、調査という機能だけを切り取れるものではなく、質問を受けるまでの準備などを含め、図書館サービス全般との関わりを考えて、把握すべきものでしょう。ただし、そうすると図書館の機能の全てを書くことになってしまうので、ここでは、その中の調査の部分を中心に説明をしていきたいと思います。

《1》質問内容の把握

質問を受けるにあたって、もっとも大きなポイントは、質問内容を的確に把握できるかどうかです。

求められている情報が何であり、どの程度の事柄を、どんなかたちで、いつ頃までに……など、押さえられる質問者とのやりとりはたくさんあります。カウンターや電話で受けた質問であれば、インタビュー・会話などにて確認していくことができるし、調査の過程や提供の段階での再確認が必要になることもあるでしょう。

質問内容の把握は、調査の行き先を知ることです。調査の第一歩で目的地がはっきりしていれば、それだけ効率よく、以後の調査をすすめていくことができるのです。

「カレー粉の入ったモナカ」の事例（P.66）では、カレー味の最中なのか、モナカにカレーが入っているものなのか、的確に聞き出した上で調査を進めているし、「柿渋のとりかた」の事例（P.92）では、柿渋のとりかたの勘違いから、回り道をしたケースになってしまっています。

《2》初動調査

質問を受けた上での行動開始は、一般的な公共図書館のカウンターでは、次の5つが主になるでしょう。

1. OPACの蔵書検索で質問内容に沿う所蔵資料を探す。
2. 該当する情報が見つかると思われる書架に行く。
3. 百科事典など参考図書で基礎的な事項を確認する。
4. インターネット検索で手がかりを探す。
5. クイックレファレンスにて対応する。

その他に、質問内容や図書館によっては、各種のデータベースなどを活用できるかと思います。初動調査における何気ない調査・検索で、簡単に回答が判明することもよくあります。ただ、初動調査の結果に引きずられて調査の方向を見失ってしまうこともあるので、初動調査では客観的に調査対象を把握する、調査のあたりをつける程度の感覚でよいのだろうと思います。

また、調査の初期の段階で、だいたいどのくらいの時間・労力を要する調査になるのか、メドを立てておいたほうがよいでしょう。時間と労力の最大効率を考えるところまでがレファレンス・サービスです。

《3》調査の青写真

インタビューなどで質問内容を確認し、初動調査で質問の感触をつかんだあたりで、調査の青写真を考えていくことになります。

多少の調査を要すると思われる場合、頭の中に情報の探し方のイメージを描くことになります。基本的に図書館における調べごとの発想は「××だから○○に出ている」です。「レファレンスは連想ゲームに似ている」という表現もありますが（P.118）、まさにそのとおりだと思います。「おふだの図版」の事例（P.72）で、「今回の調査はいろんなアプローチができるものでしたね。おふだ→牛玉宝印のルートもあるし、カラス→熊野大社→牛玉宝印のルート。他にも起請文から調べることもできるみたい」とあります。また、それらを直接書架で調べるのか、OPACの蔵書検索を使うのか、インターネット情報を活用していくのか、どういうプロセスをとるのが最善の選択肢なのかを、頭に描くくらいのことは求められるでしょう。

「ライオンの口から水」の事例（P.22）では、「何から調べていくべきか。水道とか動物とか調査を開始する候補がいくつか頭をよぎる」と、調査の対象となるであろう複数の分類を念頭においた上で調査を開始しています。

《4》調査の展開

いくつかの調査をした結果、さらに調査を要する場合には、調査を展開していくことが必要になります。調査の展開には［図］のような基本形を考えてみました。

以下に、具体的な事例をあげておきます。発想の柔軟さや手がかりの活用法が、調査を展開する上でのポイントになっていることがよくわかります。

●絞る

はじめに大きな分野を調査対象にして、だんだんと調査範囲に絞っていく調べ方です。

例えば「ごくろうさまとおつかれさま」の事例（P.80）では、国語辞典を見た上で、日本語の本に調査を絞り込んでいっています。「無筋基礎の災害」の事例（P.241）では、一般の建築の本で探しても難しそうなので、震災の報告書へと絞り込んでいっています。「萌え」の事例（P.226）では、用語事典→アニメ・マンガ→オタクの本と、調べる対象を絞り込みながら、調査を進めています。

●広げる

調べる対象を広げていくことによって、回答となる情報が見つかることもあります。「海の日の法令と由来」の事例（P.58）では、「海の日」での検索だけではうまく調べが進まないと判断し、祝日一般に調べる対象を広げています。「張飛の食べもの」の事例（P.34）で出てきた「時代や場所など特定の言葉で検索してもうまく行かないときは、〈中国〉や〈食物〉のように、意味が大きく取れる言葉で検索してみるといいですよ」というアドバイスも、物事を広げて調べて行く好例だと思います。

●射抜く

OPACやインターネット・データベースを使った調査では、どんなキーワードを思いついて、自分の欲する資料を射抜けるかがポイントになります。例えば「海の日の法令と由来」の事例や「柿渋のとりかた」の事例では、いきなりOPACに「海の日」「柿渋」というキーワードを入れて蔵書検索してしまおうという狙いが窺えます。下手な鉄砲も数打ちゃ当たる、ではありませんが、思いついた用語を片っ端から入力して調べてみるのも一つの手です。

●たどる

調べているうちに手がかりを得て、その手がかりをたどって回答に近づくケースもよくあります。「国賓の待遇」の事例（P.218）では、国賓について調べているうちに、皇室というキーワードが出てきて、皇室の本に出ている可能性を考え成果をあげています。「月々で始まる和歌」の事例（P.178）では、調査の途中で、和歌→狂歌→畳語と、調べる対象を移しています。「ミロのヴィーナスの復元図」の事例（P.185）でも、ミロのヴィーナスではわからなかったため、所蔵館のルーブル美術館へと手がかりをたどって、成果をあげています。

●視点の変更

調査をしている分野や対象を変更することで、新たに調査が展開することもあります。「線香花火を作る方法」の事例（P.142）では、調査に行き詰まった時、科学実験に視点を変更することで、いくつかの資料を見つけることができました。「わらじの作り方」の事例（P.110）でも、一般書には出てこないので、児童書に調査対象を変更した調査を行っています。

●媒体の変更

調査の媒体を変えることも、しばしばあります。「トルコ石の種類」の事例（P.152）はじめインターネットで調べたもののうまくいかず、本での調査でヒントを得て、再度インターネットで検索し活路を見いだしています。「宇宙食の変遷」の事例（P.146）や「世界のエコマーク」の事例（P.234）でも、本からインターネットに媒体を変更し、より回答に適した情報を見つけています。

《5》調査が行き詰まる

調査の展開

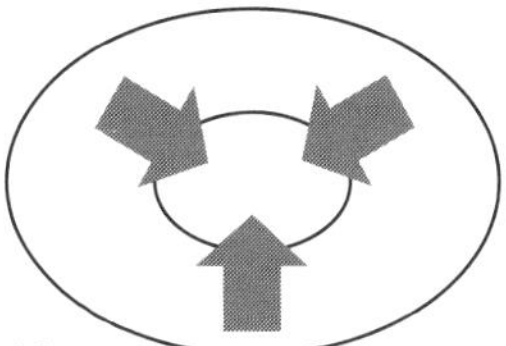

●絞る

大枠を把握した上で調査範囲を絞る。

・鎌倉時代→承久の乱

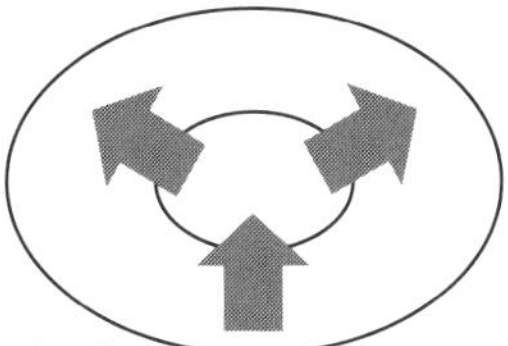

●広げる

特定のポイントから調査範囲を広げていく。

・承久の乱→鎌倉時代

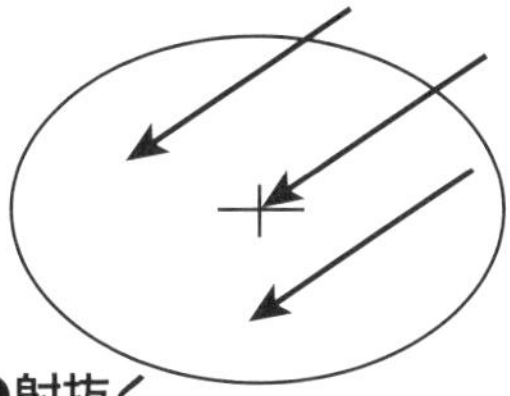

●射抜く

必要な言葉やキーワードをダイレクトに探す。

・「源頼朝」で検索。

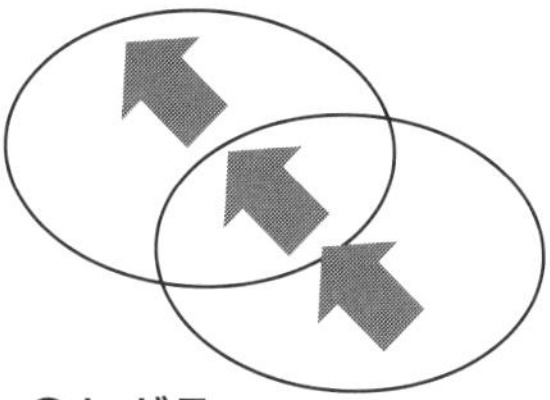

●たどる

類似する情報や手がかりをもとに調査範囲を移動する。

・源頼朝→鎌倉の史跡

・参考文献やリンクの活用

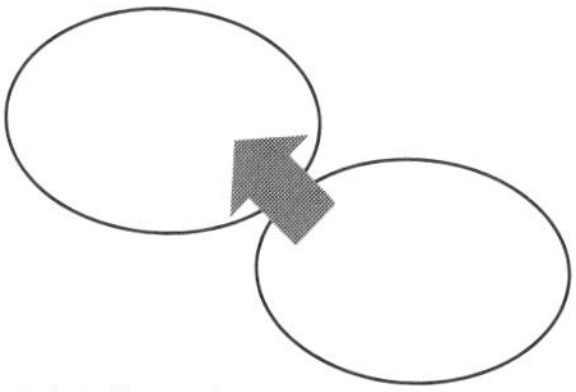

●視点の変更

可能性を考えて、視点・観点を変更した調査を行う。

・日本史→美術史

・一般書→郷土資料

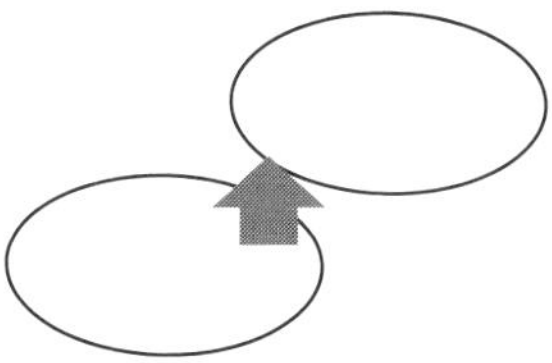

●媒体の変更

ある媒体から別の媒体に、調査範囲を移る。

・図書→インターネット

調査に行き詰まったときは、《4》で示したような調査の展開の組み合わせが基本になります。とくにうまく視点の変更ができると、しばしば行き詰まりから抜け出せることにつながります。

ただし、普通に調査を展開させただけでは、なかなか求める情報に至らない場合もあり、そうした際に図書館員は次のような対処を考えなくてはいけません。

1：他に問い合わせる

自館でできる限界もあるので、時間が許せば、他の図書館、専門機関、専門家への問い合わせも考慮すべきでしょう。「わらじの作り方」の事例（P.110）では、学芸員や伝統工芸館等への問い合わせを考えています。「うそつくらっぱ」の事例（P.197）では、結局「ない」ということが立証できず、著者本人への問い合わせが唯一の立証方法になってしまいました。

2：同僚・同業者などに聞いてみる

自分だけで抱えこまず、同僚や図書館員仲間に聞いてみるとわかるケースもあります。この本の事例でも、同僚からの一言がアドバイスとなって、問題解決につながる場面が数多く見られます。人材と経験の有効活用です。

3：事例を考える

過去のレファレンス記録や図書館で作成したツールに、案外と類似する事例の掲載が見られることもあります。また、事例における調査を参考・手がかりにして調査をすすめられることもあります。近年はレファレンス事例のデータベースを作成している図書館も見られるようになりました。

4：ひたすら粘る

他の仕事等にも影響が出るので、あまり一つのレファレンスに没頭していることは現実問題として難しいのです。ただ、よりよい提供につながる可能性があり、かつ時間が許せば、さらに粘ることも選択肢となります。とくに郷土資料やコレクションに関する調査では、ある程度、粘らざるを得ないかと思います。

《6》提供を考える

調べた結果を提供するにあたって、情報の正確さや最新の情報であるかを考慮するのはもちろんですが、同時に次のような配慮をする必要があるように思われます。

1：ケースバイケースでの最適さ

ケースバイケースで柔軟な対応を考えていきましょう。質問内容や質問状況に応じ、情報を「見つくろう」ような感覚が求められます。

本書の事例でも、小学生や高校生にもわかりやすい回答を提示するために、一般書よりやわらかめの、それぞれに適した回答を考えながら見つける事例が含まれています。例えば「夕焼けはなぜ赤い」の事例（P.159）では、同じ児童書にあたるにしても、「波長」とか「散乱」という専門的な言葉を使わずに説明している本を探しています。

2：情報全般を踏まえつつ

自館でできることはどこまでで、自館以外であればどういった情報が得られるのか。インターネット等でさまざまな情報を引き出せるからこそ、情報全般を見通した対応を考えたいところです。

とくに、他の図書館や専門機関へのレフェラル先（問い合わせ先）を押さえておきたいところです。そうした情報は質問者に提供されないまま終わるのかもしれないにせよ、提供自体を支える土台になります。

3：提供方法は

接客的な視点からではありますが、口頭・文書などを含め、どう提供していくかを考えていかなくてはなりません。第一報から、調査の報告、資料の提示、提示の順番、こう言われたらこれを出す……まで、お客様に満足していただくためのプレゼンテーションだという意識で臨めばよいと思います。

4：適度なスピードを

一般的に適度なスピードは、満足を引き出す調味料になります。一方、お客様をいらいらさせてしまうのは、お客様の予想より遅れる時によく起こります。

《7》望む情報を提供できなかった時

結局、十分な情報を提供できないというケースも、もちろん生じます。その場合、提供できないなりの対応を考えねばなりません。①調査の経緯の説明、②調査の手がかり・ヒントの提示、③関連情報の紹介、④他機関等への紹介 などがあげられるでしょう。また状況に応じて、アフターケアとしての再調査・対応、打ち切りなどの判断が求められることもあります。

仮に十分な回答を提示できないにせよ、誠意を伝えることはできるし、それを伝えるような接客術も求められます。質問者にしてみれば必要な情報を得ることが目的でありますが、図書館員にとっては求められる情報を提示するのに加え、お客様に満足をしていただき信頼につなげることも一つの目的となります。

＊

以上、調査の流れについて私なりに概観してみました。ここにあげた項目は説明の便宜上付与したものも多く、私自身、常にこうした流れを意識して調査を行っているとは言えません。ただ、図書館における調査と一口に言っても、本をめくったり検索したりするだけではなく、いくつかの過程があり、発想や流れによって調査が組み立てられていることを理解していただければ幸いです。

※本稿は『現代の図書館』Vol.41 No.3（日本図書館協会 2003年9月刊行）に「調査の流れと組み立て方」（浅野高史）として掲載されたものを大幅に加筆・修正して採録したものです。

600　**産業**
610　農業
620　園芸
630　蚕糸業
640　畜産業．獣医学
650　林業
660　水産業
670　商業
680　運輸．交通
690　通信事業

700　**芸術．美術**
710　彫刻
720　絵画．書道
730　版画
740　写真．印刷
750　工芸
760　音楽．舞踊
770　演劇．映画
780　**スポーツ．体育**
790　**諸芸．娯楽**

800　**言語**
810　日本語
820　中国語．
その他の東洋の諸言語
830　英語
840　ドイツ語
850　フランス語
860　スペイン語
870　イタリア語
880　ロシア語
890　その他の諸言語

900　**文学**
910　日本文学
920　中国文学．
その他の東洋文学
930　英米文学
940　ドイツ文学
950　フランス文学
960　スペイン文学
970　イタリア文学
980　ロシア・ソヴィエト文学
990　その他の諸文学

日本十進分類表(NDC) 新訂9版 第2次区分表(綱目表)

000 **総記**
010 図書館．図書館学
020 図書．書誌学
030 百科事典
040 一般論文集．一般講演集
050 逐次刊行物
060 団体
070 ジャーナリズム．新聞
080 叢書．全集．選集
090 貴重書．郷土資料．その他の特別コレクション

100 **哲学**
110 哲学各論
120 東洋思想
130 西洋哲学
140 心理学
150 倫理学．道徳
160 **宗教**
170 神道
180 仏教
190 キリスト教

200 **歴史**
210 日本史
220 アジア史．東洋史
230 ヨーロッパ史．西洋史
240 アフリカ史
250 北アメリカ史
260 南アメリカ史
270 オセアニア史．両極地方史
280 伝記
290 **地理．地誌．紀行**

300 **社会科学**
310 政治
320 法律
330 経済
340 財政
350 統計
360 社会
370 教育
380 風俗習慣．民俗学．民族学
390 国防．軍事

400 **自然科学**
410 数学
420 物理学
430 化学
440 天文学．宇宙科学
450 地球科学．地学
460 生物科学．一般生物学
470 植物学
480 動物学
490 **医学．薬学**

500 **技術．工学**
510 建設工学．土木工学
520 建築学
530 機械工学．原子力工学
540 電気工学．電子工学
550 海洋工学．船舶工学．兵器
560 金属工学．鉱山工学
570 化学工業
580 製造工業
590 **家政学．生活科学**

あとがき

編集方針として、楽しく読みやすく自然に図書館での調査のコツを身につけていただけるよう心掛けましたが、いかがだったでしょう？

執筆したメンバーは、かながわレファレンス探検隊という図書館員の自主的な学習会の有志です。かながわレファレンス探検隊は、レファレンスの質問を課題にして、参加者が回答を提出し、その回答を検討しながらレファレンス技術を学んでいくという活動をしています。一九九五年に第一回の開催をし、ほぼ隔月ごとに例会を開いています。この本の企画時は、ちょうど十年目の節目でした。収録した事例の大部分は、十年分の課題から精選して取り上げたものです。

事例を執筆するにあたっては、あかね市立図書館という架空の図書館を舞台に、執筆者8名がキャラクターとして登場し、レファレンス・サービスに取り組むという設定にしました。

事例における調査方法は、わかりやすく調べかたを説明することを優先したため、最善の選択肢ではないかもしれません。実際には、その図書館ごとの資料があるわけだし、図書館員によって求める回答までの道筋が違うであろうし、お客様に対してのＴＰＯも踏まえなくてはなりません。また、その調査に有効な資料が新しく刊行されているかもしれないし、インターネットやデータベースは日々更新されていきます。どこの図書館でいつでも使える調査のプロセスではないことを留意していただければと思います。調べものは生きもの、柔軟に対応するものだと思います。

あかね市立図書館は実在しませんが、皆さまの近隣のどの図書館でも、レファレンス・サービスは行なっています。この本を読んで、皆さま自身が図書館での調査のコツをつかんでいただくとともに、図書館員にもお気軽に疑問を相談していただきたいと思います。きっと、あかね市立図書館と同様に、図書館員の調査の技が光るはずですし、事例のような小さなドラマも見られるかもしれません。

この本を引き立てているマンガやイラストを描いた佐藤茜さんは、私が県立高校の図書館に勤めていた時、スタッフルームに入り浸っていた三年生でした。今後のさらなる活躍を楽しみにしています。

冒頭のレファレンス・マンガは、図書館関係の出版物としては類のない試みだと思います。

執筆したメンバーは私を含めて全員、本を書くという経験が初めてでした。企画の段取りや編集作業の進め方、校正の仕方もわからず、右往左往しながら何とか本の出版にたどり着けたという感じです。とくに架空の図書館をイメージしつつ、実際とは違うキャラクターを演じながら執筆するのに苦労があったようです。結果、既刊のレファレンス・サービスの事例集とはひと味違ったユニークな一冊に仕上げることができました。

様々な注文に対応してくださった柏書房の浅田晃之氏にも、この場を借りて御礼を申し上げます。

かながわレファレンス探検隊という学習会の成果の一端を本にまとめられたことを心よりうれしく思います。今後とも図書館と図書館員をよろしく！


（編集責任者：浅野高史）

執筆者紹介（氏名の後の括弧は本書でのペンネーム） ※2006年9月現在

浅野高史（伊予高史） 〈編集責任者〉 神奈川県立川崎図書館
岡野正志（川波太郎） 川崎市教育委員会
佐藤敦子（石尾里子） 鎌倉市中央図書館
清水 瞳（本宮美里） 大学図書館勤務
鈴木裕美子（木崎ふゆみ） 横浜市中央図書館
辻 伸枝（富士のぶえ） 関東学院大学図書館臨時職員
横田博夫（横道独歩） 東洋英和女学院大学図書館
吉田千登世（田中弥生） 鶴見大学図書館

マンガ・イラスト
佐藤 茜（佐竹アカネ） 横浜美術短期大学専攻科在学中

図書館《としょかん》のプロが教《おし》える〈調《しら》べるコツ〉
誰でも使えるレファレンス・サービス事例集

2006年9月25日 第1刷発行
2016年7月1日 第6刷発行

著者 浅野高史＋かながわレファレンス探検隊

発行者 富澤凡子
発行所 柏書房株式会社
東京都文京区本郷2-15-13（〒113-0033）
電話（03）3830－1891［営業］
（03）3830－1894［編集］

ブックデザイン 森 裕昌
装画 佐藤 茜
DTP ハッシィ
印刷 株式会社亨有堂印刷所
製本 株式会社ブックアート

ISBN4-7601-2990-1